El FILÓSOFO de 15 minu

Anne Rooney

Grupo Editorial Tomo, S. A. de C. V.
Nicolás San Juan 1043
03100, México, D. F.

1a. edición, octubre 2014.

The 15-Minute Philosopher
Anne Rooney

Nicolás San Juan 1043, Col. Del Valle
03100 México, D. F.
Tels. 5575-6615, 5575-8701 y 5575-0186
Fax. 5575-6695
www.grupotomo.com.mx
ISBN-13: 978-607-415-697-3
Miembro de la Cámara Nacional
de la Industria Editorial No. 2961

Traducción: Francisco Emrick
Diseño de portada: Karla Silva
Formación Tipográfica: Armando Hernández R.
Supervisor de producción: Leonardo Figueroa

Impreso en México - *Printed in Mexico*
Impreso en Infagón - *Printed by Infagón*

CONTENIDO

¿Para qué sirve la filosofía?

¿Alguna vez te has sentado ya tarde por la noche, con una botella de vino o mucho café, a discutir acerca de las grandes interrogantes de la vida? En la actualidad quizá no cuentes con el tiempo ni la energía para permanecer despierto hasta la madrugada, pero no necesitas aguardar hasta que llegue la oscuridad para proporcionarle a tu mente un ejercicio filosófico de quince minutos.

Usos de la filosofía

Algunas personas piensan en la filosofía como una ocupación en una torre de marfil, sin ninguna aplicación en el mundo real. Pero no podrían estar más equivocadas. La filosofía subyace detrás de toda decisión importante que tomamos y afecta todos los aspectos de nuestras vidas.

Los filósofos tradicionalmente beben demasiado alcohol y café, fuman mucho y se preocupan por encontrar el significado de la vida.

"Lo que en realidad me hace falta es tener claro en mi mente lo que voy a hacer, lo importante es encontrar una verdad que sea verdadera para mí, encontrar la idea por la cual puedo vivir y morir".
Soren Kierkegaard, 1835.

El pensamiento filosófico ha creado nuestras leyes y nuestra interpretación de los textos religiosos. La manera en que tratamos a los criminales, cómo organizamos nuestras escuelas, la colocación de cámaras de circuito cerrado, la presencia de ingredientes transgénicos en nuestros alimentos, cuántos impuestos pagamos, la disponibilidad de pornografía en Internet y si puedes recibir un trasplante de órganos, todos son temas filosóficos. Pensar sobre asuntos éticos,

Diógenes, (alrededor del año 350 a. C.). En Atenas, hace mucho tiempo, los filósofos tenían que hacer esto sin el café y los cigarrillos. Diógenes lo hizo sin la mayoría de las cosas y vivía en una vasija gigante.

políticos y metafísicos es agradable y vigorizante. Y también es esencial si deseas tener puntos de vista bien informados acerca de los problemas de la vida moderna.

La filosofía te ayudará a lograr entender lo que piensas, a encontrar la razón de ello y te permitirá convertirte en la persona que crees que deberías ser. Esto no significa realizar una ambición de convertirse en estrella de cine o un astronauta, significa saber qué es importante para ti y vivir tu vida de acuerdo con tus propias normas y prioridades. No puede haber un objetivo más importante o satisfactorio, ni ninguna labor mejor que la superación personal y no existe un lugar mejor para comenzar que tú mismo y tu propia mente. Esto es todo lo que necesitas.

Muchas preguntas. ¿Hay alguna respuesta?

Si hay dos montañas y deseamos saber cuál de las dos es la más elevada, podemos medirlas y comparar los resultados. Si medimos con precisión, obtendremos una respuesta precisa. La filosofía no es así. Si tú dices que existe Dios y yo digo que no, ambos podemos

PELIGRO. FILÓSOFOS TRABAJANDO

El antiguo filósofo griego Sócrates vagaba por la ciudad de Atenas enseñando filosofía. Sus frecuentes debates con los jóvenes aristócratas molestaban a los ancianos de la ciudad, quienes consideraban que estaba volviendo a los jóvenes más problemáticos y más propensos a argumentar de lo que necesitaban ser. Finalmente fue llevado a juicio por corrupción de la juventud y por ofender a los dioses. Se le ofreció la oportunidad de un indulto si renunciaba a la filosofía; sin embargo, Sócrates no solamente se rehusó sino que se enfrentó al tribunal, así que fue sentenciado a la pena de muerte. Murió en el año 399 a. C. al beber la venenosa cicuta rodeado por sus amigos. Se le considera el filósofo que dio origen a la filosofía occidental.

La persecución es un peligro incesante para los filósofos. Los regímenes totalitarios con frecuencia atacan a los intelectuales en sus feudos. La China de Mao, Camboya de Pol Pot y la Unión Soviética de Stalin, encarcelaban y torturaban a los intelectuales porque eran un peligro potencial para animar al populacho a retar a las autoridades, la misma acusación a la que se enfrentó Sócrates hace 2500 años. Son personas que creen que no es fácil controlar y es sencillo oprimir. Los filósofos son el equivalente intelectual de los traficantes de armas ante los ojos de un gobierno inculto.

Para poder lograr algo, debes entrar a estudiar la filosofía con un criterio amplio y un deseo de aprender, de cambiar o de mejorar tus opiniones. Quizá, al final, veas que mantienes las mismas opiniones, pero que estas tienen fundamentos más firmes ya que estarán basadas en la razón y respaldadas por la evidencia.

exponer nuestras razones para pensar de la manera como pensamos, pero no es posible que un observador objetivo pueda tener certeza de quién está en lo correcto. No tenemos forma de encontrar una respuesta universalmente "verdadera" a preguntas tales como la moralidad del aborto o si la democracia es la forma más justa de gobierno.

Sin contar con un equivalente a la cinta métrica para medir montañas, ¿cómo podemos comprobar nuestras ideas? Podemos intentar resolver mediante una discusión razonada cuál de dos o más ideas en conflicto es mejor, en un esfuerzo conjunto para descubrir la verdad, o podemos testarudamente tratar de persuadir a otros de nuestro punto de vista volviéndolo a exponer. El primer método es

MIDIENDO MONTAÑAS

Nada es tan sencillo como parece, incluyendo la pregunta de, ¿cuál es la montaña más elevada? En la ciencia, como en la filosofía, es importante saber lo que significa la pregunta antes de intentar responderla. ¿La montaña más elevada del mundo es el monte Everest, el Himalaya? ¿O es el Mauna Kea, en Hawái? Esto depende de cómo las midas...

Si mides a partir del nivel del mar, la montaña más alta será el monte Everest. Pero si mides desde el terreno plano circundante, será el Mauna Kea (a pesar de que el terreno plano circundante es el lecho marino). En filosofía, es muy factible que analicemos tanto la pregunta como la respuesta.

¿Existe la vida en otros lugares del universo? No lo sabemos, pero existe una respuesta verdadera a la pregunta, solo que no contamos con los medios para descubrirla.

filosofía, el segundo es una intransigencia improductiva.

Opinión contra verdad

Debido a que no existen pruebas concretas definitivas, algunas personas se inclinan a pensar que los asuntos filosóficos solo son un problema de opinión.

Sin embargo, la carencia de respuestas "correctas" no convierte una pregunta en un asunto de opinión. En lugar de ello, la filosofía consiste en enunciar proposiciones y explorarlas o defenderlas mediante argumentos lógicos y razonados, refutar los argumentos contrarios y tratar de aproximarse hacia las mejores respuestas posibles. Estas respuestas podrían muy bien ser superadas por otro argumento, tal como una teoría en física podría ser remplazada posteriormente por otra teoría mejor. En física, una teoría preferida es una que mejor se adecúa al fenómeno observado y nos permite efectuar predicciones que resultan ser precisas. Para que una idea sea buena en filosofía, debe ser coherente, sin contradicciones internas, incluyente y, en muchos casos, aplicable de forma universal.

¿Alguna vez resulta ser verdad?

Si no podemos demostrar de forma concluyente la verdad de una afirmación filosófica, ¿eso significa que no podemos decir que hay verdades filosóficas? Esta es una pregunta que se han hecho los filósofos y, como podrías esperar, han proporcionado respuestas diferentes.

La pregunta no está nada más limitada a la filosofía: también se ha planteado en otras disciplinas, incluso la física. ¿Nuestros descubrimientos en física realmente son descubrimientos de una verdad objetiva, o son solo una forma conveniente de representar nuestras

observaciones del mundo? Es posible que exista la verdad "allá afuera". Pero ese es otro problema del que no podemos estar seguros.

Matar personas es malo

Como la ciencia, la filosofía intenta acercarse a la verdad. Si tomamos la declaración, "matar personas es malo", de inmediato podríamos encontrar casos en los que algunas personas podrían pensar que no es algo malo; por ejemplo, cuando una persona con una enfermedad terminal dolorosa pide que se le libere del sufrimiento. Esto hace que la proposición no sea universalmente aplicable, así que necesita ser

arreglada. Podríamos refinarla para decir que, "matar gente en contra de su voluntad es malo". Pero de nuevo podríamos encontrarnos con objeciones. ¿Qué hay respecto a la guerra? ¿Qué hay acerca de las ejecuciones ordenadas por un juez? Algunas personas sostendrán que esta declaración es verdadera y podrían proporcionar argumentos para apoyar su punto de vista, pero otras podrían arreglar la declaración de nuevo a, "matar gente inocente en contra de su voluntad, en tiempos de paz es malo". A través de este proceso de escrutinio y repetición, la filosofía espera tener como resultado reglas y creencias mediante las cuales podamos vivir, edificar sociedades y entender con honestidad el mundo natural. Quizá, a lo largo del camino, también podría descubrir algunas verdades. ¿Quién podría saberlo?

PARTE 1:
PENSAMIENTO

Capítulo 1

¿Cómo sabes cómo pensar?

¿Entonces, cómo procedes con el pensamiento filosófico?

"La filosofía es una disciplina. Tienes que disciplinar tu pensamiento. No es solo crear ideas. Disciplinar tu pensamiento es muy difícil de conseguir".
Tim Crane, profesor Knightbridge de Filosofía de la Universidad de Cambridge.

Cuestiona todo

El pensamiento disciplinado no acepta nada por hecho. En el último capítulo vimos que la sencilla pregunta, aparentemente, ¿cuál de las dos montañas es más alta?, necesita definirse con mayor claridad antes de que pueda contestarse. En filosofía, todas las preguntas y todos los términos deben ser examinados y definidos antes de que podamos sentirnos seguros para proponer respuestas.

Las herramientas que utilizamos para filosofar son la lógica y la razón; los argumentos que estas producen solo pueden ser presentados mediante el lenguaje. Esto significa que el mismo lenguaje está sometido a escrutinio. Una buena parte del trabajo filosófico del siglo XX fue examinar los fundamentos y la confiabilidad del lenguaje.

Cuando comienzas a examinar la filosofía, puede parecer como si todo estuviese cambiando constantemente y que las preguntas se multiplican enfrente de ti. Esto puede ser estimulante, aterrador o ambos. Si te agrada la certeza, la filosofía podría no ser para ti. Pero si disfrutas hacer ejercicios mentales y no te importa que el piso sobre el que has construido tu vida se tuerza debajo de tus pies, esto podría ser exactamente lo que estás buscando.

Un fractal es un patrón que se vuelve cada vez más complejo. Mientras más de cerca lo observas, los detalles más pequeños que puedes ver son como si el mismo patrón se reprodujera al fragmentarse. En matemáticas, el área abarcada por un fractal es finita, pero tiene una frontera de dimensión infinita. Podrías pensar en la filosofía como un fractal, cada pregunta te conduce a más preguntas.

Desmantelando la certeza

Sócrates a menudo decía que lo único de lo que estaba seguro era de su ignorancia y que si era más sabio que otros hombres era debido a que reconocía su ignorancia. Sócrates estableció el hábito de retar a las personas que se consideraban sabias a definir conceptos comunes como "valentía" o "justicia". Entonces, presentaba argumentos contrarios, revelando incoherencias o contradicciones en cualquier idea que habían expresado; no importaba qué habían respondido, siempre encontraba vacíos en lo que habían dicho. Su objetivo era mostrar que todo es más complicado de lo que tendemos a pensar y que aceptar las creencias aceptadas comúnmente sin un análisis es insensato. Así fue como se metió en los problemas mencionados con las autoridades de Atenas. Su método de enseñanza se conoce como el Método Socrático y todavía se usa en la actualidad. Es un método dialéctico, es decir, un diálogo estructurado como un argumento razonado en el cual las respuestas lógicas deberían conducir a los participantes a la verdad.

Formación de la tesis

Aun cuando Sócrates utilizaba la dialéctica principalmente para deshacer creencias establecidas, también se utiliza para adquirir conocimiento. De nueva cuenta diremos que funciona mediante un proceso de preguntas y respuestas, las respuestas generan nuevas preguntas que indagan más y permiten a los participantes aproximarse a una comprensión más profunda.

En la actualidad, la dialéctica se asocia con frecuencia con el filósofo alemán del siglo XVIII, Georg Hegel (se muestra arriba su retrato). Y se desarrolla en tres etapas:

- **Tesis**: Esta es la idea o afirmación que se propone como verdad, como por ejemplo, "mentir es malo".
- **Antítesis**: Esta es la respuesta razonada a la tesis, contradiciéndola, como "mentir en ocasiones protege a las personas de algún daño, así que puede ser bueno".

- **Síntesis**: Esta es una nueva declaración de la idea, revisada a la luz de la objeción generada por la antítesis. En el ejemplo mencionado podría ser, "mentir es malo cuando no tiene la intención de proteger a la persona".

El proceso se puede repetir. La síntesis se convierte en la nueva tesis y es examinada y reajustada. Mediante pasar a través de estos pasos, ya sea en un diálogo con alguien o pensando el argumento tú mismo, puedes analizar tus ideas y volverlas más sólidas.

Los casos en los tribunales se juzgan mediante un debate, con una parte argumentando a favor del acusado y la otra con argumentos del caso de la parte acusadora. Las destrezas y métodos del debate filosófico se utilizan para determinar si alguien es culpable o no de algún delito.

Comenzar de Cero

En general, los filósofos comienzan con la obra de filósofos anteriores y usan la lógica y el argumento para lograr que el debate avance. Sin embargo, este no es siempre el caso. La filosofía es una de las pocas disciplinas en la que es perfectamente posible eliminar lo esencial y lo superfluo y comenzar todo de nuevo a partir de los principios básicos. En tanto el nuevo modelo sea lógico e internamente coherente tiene una buena oportunidad de ser considerado con seriedad. Martin Heidegger (1889-1976) y Ludwig Wittgenstein (1889-1951), decidieron que por dos mil años los filósofos habían hecho todo mal y que era tiempo de iniciar todo de nueva cuenta. Wittgenstein incluso afirmó: "Para mí, es un asunto de indiferencia si las ideas que he tenido fueron anticipadas por alguien más". Esto ciertamente ahorra mucho tiempo, que de otra manera se invertiría en la lectura de las ideas previas y también podría generar una situación

EL ABOGADO DEL DIABLO

En el debate filosófico, una persona o grupo podía desempeñar la función de "el abogado del diablo", argumentando a favor de un punto de vista que no necesariamente compartían, solo con el propósito de tener un debate. De 1587 a 1983, ser "el abogado del diablo" fue un cargo oficial. Al examinar el caso para nombrar nuevos santos, los argumentos a favor del posible santo eran presentados por "el abogado de Dios" y contradichos por "el abogado del diablo". Era el trabajo del abogado del diablo encontrar inconsistencias en los argumentos del caso de Dios. Sócrates actuó como el abogado del diablo para descubrir contradicciones en los argumentos de sus oponentes.

novedosa que permitiera que surgieran puntos de vista completamente nuevos.

La función de la lógica

La lógica es una manera muy formalizada de pensar y razonar que implica el uso del lenguaje como una herramienta de precisión. El primer filósofo en exponer los métodos de la lógica fue Aristóteles, quien vivió en Atenas entre los años 384 y 322 a. C. Él mostró cómo podemos comenzar con dos afirmaciones verdaderas que comparten un "término" y extraer otra afirmación verdadera de ellas, usando los términos que no comparten. El ejemplo más famoso de este método, denominado silogismo lógico, es:

Todos los hombres son mortales. Sócrates es un hombre. Por lo tanto, Sócrates es mortal.

Aquí, el término compartido es "hombre", se encuentra en las dos primeras afirmaciones. Esto se puede reducir a algo más formulado:

Todas las As son B. C es una A. Por lo tanto**, C es B.**

La tercera declaración continúa siendo cierta aun cuando eliminemos el contenido (los detalles de los hombres y la mortalidad). Esto demuestra que la lógica es válida: que es una relación formal entre afirmaciones. En tanto las dos primeras afirmaciones sean verdaderas, la secuencia siempre dará resultado. La lógica de este tipo no puede ser refutada; la dificultad para la filosofía es completar los términos y encontrar las afirmaciones que lleven a conclusiones útiles y con sentido. En esto es donde necesitamos ser muy precisos y cuidadosos.

Supongamos que decimos:

Matar personas es malo. El aborto implica matar personas. *Por lo tanto*, ***el aborto es malo.***

Esto abre la puerta a varios problemas. El primero es si "matar personas es malo" es una afirmación verdadera, ya que podría haber circunstancias en las que matar personas no es malo. El segundo es si el aborto implica matar personas: tenemos que preguntar cuándo, o si un feto cuenta ya como una persona, y si podemos "matar" algo que no está vivo de forma independiente. A pesar de que la lógica es coherente, el contenido no lo es. Para practicar la filosofía, necesitas mantener un control estricto en ambos, para poder "disciplinar tu pensamiento".

¿Dónde iniciar?

El filósofo francés, René Descartes (quien casualmente también inventó el sistema de coordenadas denominadas cartesianas, utilizadas para dibujar gráficas), dijo una frase famosa: "Pienso, por lo tanto existo". Este fue su punto de inicio para la filosofía. Se dio cuenta que necesitaba comenzar a partir de algo de lo que pudiese sentirse seguro, una proposición segura.

La posición de certeza a la que llegó fue su existencia, demostrada por ser capaz de pensar. Usando el sistema de silogismos de Aristóteles, él podría decir:

Las cosas que existen pueden pensar. Yo puedo pensar. *Por lo tanto,* ***existo.***

Para la mayoría de las personas, las cuestiones más importantes y apremiantes en la filosofía son las cuestiones éticas; estas están relacionadas con aquello que es moralmente correcto e incorrecto. Esta es el área donde es más probable que nos encontremos con dilemas filosóficos en nuestras vidas diarias, y donde impactarán más en las acciones. Situaciones como si debemos llevar a vivir a un familiar anciano a un asilo en contra de sus deseos o cómo debemos tratar a los animales, es probable que parezcan ser más importantes que si algo existe realmente y por qué.

Con frecuencia, aquí es donde comenzarás, preguntando que deberías hacer o tratando de decidir tu opinión en un asunto importante. Sin embargo, los problemas filosóficos son especialmente propensos a ampliaciones del proyecto original. Algo que comienza aparentemente como un asunto directo y específico con frecuencia contiene raíces que están mucho más profundas, y esa es la razón por la que Descartes tuvo que comenzar estableciendo que existía. Es precisamente este aspecto lo que convierte a la filosofía en algo tan fascinante y gratificante.

Capítulo2

¿Si un árbol cae en un bosque, entonces existe?

Entonces, ¿dónde podemos empezar?, ¿qué es real?

Lo que es comprendido por ti o por mí quizá no lo sea (comprendido), por ejemplo, por un gato. Si un árbol cae en un parque y no hay nadie ahí, sería silencioso, invisible y sería indescriptible. Y si desapareciéramos, no habría ningún árbol en lo absoluto; cualquier significado se desaparecería con nosotros. Desde luego, aparte de lo que los gatos harían de todo esto.

William Fossett, *Estados Naturales*, 1754.

¿Hay algo real? ¿Qué queremos decir con real? ¿Existe algo? ¿Podemos estar seguros? ¿Es existir lo mismo que ser real?

¿Qué existe allá afuera?

Para un filósofo, nada se da por hecho; tenemos que comprobar todo y eso incluye comprobar la existencia.

ACERCA DE ESE ÁRBOL

La oración común para la pregunta del árbol es: "¿Si un árbol cae en un bosque y no hay nadie alrededor, haría algún sonido?". El filósofo del siglo XVII, John Locke diría que la respuesta es "no". La mayoría de los científicos está de acuerdo en que el "sonido" se define como "ser escuchado". Cuando el árbol cae, crea vibraciones en el aire que serían experimentados como sonido si un observador que escucha estuviera presente. Si ondeas tu mano en el aire, esta crea vibraciones del mismo tipo que el árbol cayendo, o una campana tañendo. El aire se mueve con tanta lentitud que no podemos oír la mano que se mueve, así que esto es silencioso. Es posible que alguna otra criatura pudiera escuchar el sonido de la mano moviéndose. El mundo sería un lugar muy ruidoso para tal criatura.

Descartes pronunció su frase famosa, "Pienso, por lo tanto, existo", durante su intento por establecer aquello de lo que podía estar seguro. Se sintió seguro de su existencia debido a que no podía pensar a menos de que existiera. Pero incluso eso no es realmente seguro. Filósofos posteriores han argumentado que todo el concepto demostraba que el pensar ocurría, no que Descartes existía para crearlo.

Incluso si te sientes seguro de tu existencia, ¿puedes estar seguro de que alguien más existe? Quizá hayas creado todo el mundo externo con todas sus personas y tus experiencias pasadas (y este libro te motivó a pensar en ello) y nada más es real.

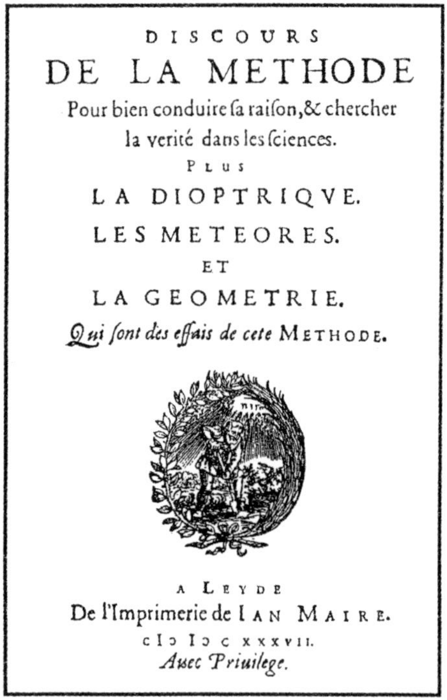

DISCOURS
DE LA METHODE
Pour bien conduire ſa raiſon, & chercher
la verité dans les ſciences.
PLUS
LA DIOPTRIQVE.
LES METEORES.
ET
LA GEOMETRIE.
Qui ſont des eſſais de cete METHODE.

A LEYDE
De l'Imprimerie de IAN MAIRE.
CIↃ IↃ C XXXVII.
Avec Priuilege.

> ***"(Realidad) es un concepto controversial que afirma que las 'cosas' están 'ahí' y esto es por alguna razón incuestionable".***
> *Unciclopedia.*

LA ALEGORÍA DE LA CUEVA

Imagina a un grupo de personas mantenidas prisioneras en una cueva. Pueden ver las sombras en la pared de la cueva que son proyectadas por los seres y las cosas afuera de la cueva. En lo que respecta a la gente en la cueva, estas sombras son la realidad. Imaginarían teorías para explicar cómo actúa la realidad, para explicar por qué las cosas son como son (parecen ser iguales). Si una persona escapara de la cueva y viera la realidad verdadera, primero tendría que esforzarse para entenderla. Cuando regresara a la cueva, tendría grandes dificultades para explicar a los otros habitantes de la cueva que lo que ellos pueden ver no es la realidad en lo absoluto. Platón se coloca en esta posición, como el fugitivo que regresa, como el filósofo que intenta explicar a la humanidad que lo que vemos no es una realidad de la mejor calidad, a pesar de que es todo lo que podemos experimentar.

Real o idea

A los filósofos que creen que la realidad existe independientemente de cualquier observador se les denomina realistas. A aquellos que piensan que la realidad es una idea construida en la mente humana se les llama idealistas. Existe una abundancia de matices de realismo e idealismo. El realismo más fundamental sostiene que todo existe y que es tal como aparece ante nosotros. Esta es la postura básica de la mayoría de las personas; es decir, que vivimos nuestras vidas cotidianas asumiendo que la realidad está “allá afuera” y es como pensa-

mos que es. Los filósofos llaman a esto realismo ingenuo. Aristóteles era un archirrealista ya que creía que el mundo "allá afuera" existe y es real. También creía que nuestros sentidos nos proporcionan una experiencia confiable del mundo. Platón, el discípulo de Aristóteles, tenía un punto de vista más complicado. Creía que había dos niveles de "realidad". Uno, el nivel superior, era el reino de las "formas" ideales. La forma es la esencia o la concepción ideal de algo, así tenemos el caballo perfecto, la concepción más completa de justicia e incluso el mejor corte de cabello, todo existe como "formas". Por desgracia, el reino de las formas no es accesible a nosotros en nuestros cuerpos imperfectos. En lugar de ello, habitamos en el segundo nivel de realidad, el mundo material de muy mala calidad. Aquí existen muchos ejemplos de las formas (o copias de ejemplares), pero ninguna es muy buena. Los caballos no son súper elegantes, ni súper rápidos, los sistemas de justicia son bastante corruptos y hay una gran cantidad de peinados malos. Sin embargo, esta es la única realidad accesible para nosotros, así que tenemos que hacer lo que podamos con ella. Platón intentó explicar

> ***La realidad de los objetos externos no admite una prueba estricta.***
> Immanuel Kant.

NADA EXISTE

El antiguo filósofo griego Gorgias (483-375 a. C.) adoptó un punto de vista de la realidad drástico y negativo.

- Nada existe.
- Incluso si algo existe, nada se puede conocer acerca de ello.
- Incluso si algo se puede conocer acerca de ello, el conocimiento al respecto no se puede comunicar a otros.

A esto se le denomina un punto de vista solipsístico, aceptando únicamente la existencia del pensador como cierta. (Existir y ser real no son necesariamente lo mismo en filosofía.)

la disparidad de lo que percibimos como realidad (el mundo material) y la realidad más elevada, más pura, de los reinos de las formas, usando la alegoría de la cueva (ver cuadro en la página e ilustración opuesta).

El filósofo alemán Immanuel Kant (1724-1804) adoptó un punto de vista ligeramente similar y distinguió entre objetos que experimentamos como fenómenos (la realidad visible, tocable, olfativa, comprensible), y los objetos "por ellos mismos", a lo que denominó noúmeno, que no aparecen en espacio ni tiempo y sobre los que no podemos conocer nada.

Realidades (irrealidades) alternativas

Si no estás convencido de que la realidad existe, hay otras opciones que elegir, que incluyen:

- **"Cerebro en una cubeta".** Tú no eres en realidad un cerebro en un cuerpo que camina por ahí. Eres un cerebro colocado en un recipiente con un líquido que te mantiene vivo en algún lugar. Tu cerebro es alimentado con imágenes y sensaciones mediante una computadora que ha creado una realidad virtual que ahora crees que es real.
- **"El demonio maligno".** Un demonio maligno te mantiene bajo su control y te persuade que la "realidad" es real.
- **"Todo es un sueño".** Los sueños nos parecen reales en su momento, así que, ¿cómo sabemos que toda nuestra vida no es un sueño? En el siglo IV a. C., el filósofo chino Chuang Tse despertó de un sueño en el que era una mariposa y se preguntó cómo po-

No hay forma de probar que aquello que parece ser muy antiguo no fue creado recientemente, dotado con evidencia convincente de su antigüedad con el fin de engañarnos.

No existe imposibilidad lógica en la hipótesis de que el mundo surgió repentinamente a la existencia hace cinco minutos, exactamente como era entonces, con una población que "recordaba" un pasado completamente irreal. No existe conexión lógica necesaria entre eventos en tiempos diferentes; por lo tanto, nada de lo que ocurre en este momento o que ocurrirá en el futuro puede refutar la hipótesis de que el mundo comenzó hace cinco minutos.
Bertrand Russell, 1921.

dría saber qué identidad era real: ¿Era Chuang Tse que soñaba que era una mariposa o una mariposa que soñaba que era Chuang Tse?

- **La matrix es verdad.** Nos encontramos habitando en una simulación virtual de una computadora, o en parte de una, creada por otros seres.
- **"Acaba de ocurrir".** El mundo fue creado en fecha muy reciente, quizá el jueves pasado (la teoría es llamada en ocasiones "Último Juevesismo"). Todo en el mundo, incluyendo tus recuerdos, ha sido creado para dar la impresión de que es mucho más antiguo. Esta es una versión ligeramente más reducida del Creacionismo, que sostiene que el mundo fue creado, con su aparente historia geológica, solo hace unos pocos miles de años.

ESTÁ AHÍ SI CREEMOS QUE ESTÁ

"Realidad por Consenso" es un término para cosas o situaciones que parecen ser reales debido a que la mayoría de las personas creen que existen. Por ejemplo, en algunas sociedades modernas y muchas antiguas, suficientes personas han creído en la existencia de un dios porque la existencia de un dios es una realidad consensual. Si las personas dejaran de creer en ese dios, la realidad consensual cambiaría. Hace dos mil años, el modelo geocéntrico del universo tenía la condición de realidad consensual, pero ahora solo es aceptado por unas cuantas personas chifladas e ignorantes y parece irreal o falsa; la realidad ha cambiado.

Introduciendo a Dios en la escena

El obispo anglo irlandés, George Berkeley (1685-1753), a quien a menudo se le acredita falsamente con haber expresado la pregunta de si un árbol que cae mientras es observado produce un sonido, habría dicho que no solo no hay ningún sonido, sino que tampoco hay ningún árbol. No hay ningún árbol en otro sentido especial.

Para Berkeley, así como más adelante para William Fossett, toda la experiencia es percibida a través de nuestros sentidos y de eso se trata todo: de percepción. Todo lo que existe es nuestra percepción de cosas y estados, internos y externos, y las cosas no existen si no son percibidas. "*Esse ispercibi*", dijo, es decir, "ser

Un vehículo que viaja sobre la Luna no produce ningún sonido ya que no hay aire que vibre. El sonido necesita una interacción de un objeto en movimiento, aire y un observador.

> ***"No debato en contra de la existencia de cualquier cosa que podemos comprender, ya sea mediante los sentidos o la reflexión. Que las cosas que veo con mis ojos y toco con mis manos existen, realmente existen, no tengo la menor duda. La única cosa cuya existencia negamos, es aquella que los filósofos llaman materia o sustancia corpórea. Y al hacer esto, no hay ningún daño ocasionado al resto de la humanidad, que, me atrevo a decir, nunca la echará de menos".***
>
> George Berkeley, *Un Tratado Sobre los Principios del Conocimiento Humano* (1710).

es ser percibido". Pero Berkeley no creía que construimos todas estas percepciones sensoriales de la nada. Como él mismo dijo, cuando abrimos nuestros ojos, no elegimos qué ver. La variedad de percepciones proviene de Dios. Y como Dios, continúa viendo un árbol aun cuando nadie más lo mira, el árbol continúa en el mismo lugar para la siguiente persona que llega. Es un buen truco, pero exige mucho de Dios y no menos de su existencia.

¿Cómo son las cosas?

Lo que podemos conocer de las cosas que existen siempre es mediado a través de nuestros cuerpos, ya sean nuestros sentidos o nuestras mentes (ver ¿Qué es lo que Sabes?, más adelante). De nuevo, somos devueltos a las percepciones. Describimos las cosas como duras o suaves, húmedas o secas, de acuerdo con nuestra experiencia de ellas.

Si tocaras algún pelaje y luego tocaras algún acero, notarías la diferencia entre ellos. El pelaje es suave y el acero es duro. El pelaje es cálido y el acero es frío. ¿Pero qué tan extremas son estas diferencias reales, integrales a las sustancias, y qué tan extremas son las diferencias solo en nuestras percepciones de ellas?

El elefante tiene dos metros de altura, pero hace ruido y es gris solo en la presencia de un observador que escucha y ve; la belleza solo se encuentra en los ojos del observador.

El pelaje y el acero, si se mantienen en la misma habitación por un tiempo, ambas tendrán la misma temperatura. El pelaje se siente cálido debido a que es un aislante térmico. El acero se siente frío porque es un conductor del calor, aleja el calor de nuestros dedos y por eso lo experimentamos como frío. El pelaje se siente suave porque está compuesto de muchas pequeñas fibras separadas que pueden moverse en el colchón de aire que está entre ellas. Podríamos hacer un pelaje con el acero, pero la forma en que por lo común experimentamos el acero es como un bloque, no una mezcla de acero y aire. Las limaduras de hierro se sienten suaves. Desde luego, también existen algunas diferencias físicas genuinas entre los materiales, diferencias que son producidas por la composición de los átomos y las moléculas.

John Locke dividió las propiedades de los objetos en clases primarias y secundarias. Las propiedades primarias son aquellas que él sentía que pertenecían de manera genuina a los objetos, es decir, extensión en el espacio, la forma, si estaban en movimiento y así sucesivamente. Las propiedades secundarias son aquellas que dependen de nuestras percepciones sensoriales del objeto, tal como su color, qué tan pesado se siente y los ruidos que hace. El filósofo alemán Martin Heidegger (1889-1976) creía que nuestra comprensión del mundo está siempre relacionada con nosotros mismos. Describió "*Dasein*", literalmente "estar ahí", como el estado de lo humano. Nuestra existencia está definida en términos de nuestro contexto en el mundo y es imposible separar nuestra conciencia individual del entorno que lo rodea.

¿ESTÁ AHÍ LA LUNA?

Hay una historia (posiblemente apócrifa) de que Einstein en alguna ocasión preguntó al físico cuántico Niels Bohr si de verdad creía que la Luna solo existía si alguien la miraba. Se dice que Bohr respondió que Einstein no sería capaz de probar que así era.

Existencia real cuántica

Uno de los más famosos íconos (quizá el único ícono famoso) de la física cuántica es el infortunado gato de Schrödinger. El gato de Schrödinger es el árbol en el bosque doscientos años después, posiblemente uno de aquellos gatos que observaba aquel "no árbol" que no caía. En este difícil experimento concebido en 1935, Erwin Schrödinger sugirió que pensáramos en un gato encerrado en una caja (ver ilustración). También en la caja está un matraz con veneno, algo de material radioactivo y un detector que mide la radioactividad. Si el detector encuentra evidencia de radioactividad, el matraz se romperá de forma automática y el veneno matará al gato. Si no hay radioactividad el gato estará bien (aunque presumiblemente enojado por estar encerrado en una caja con muchos objetos).

La condición del gato (vivo o muerto) no se conocerá hasta que la caja se abra. De acuerdo con la teoría del quantum, la condición del gato no está siquiera *determinada* hasta que se abra la caja. El gato

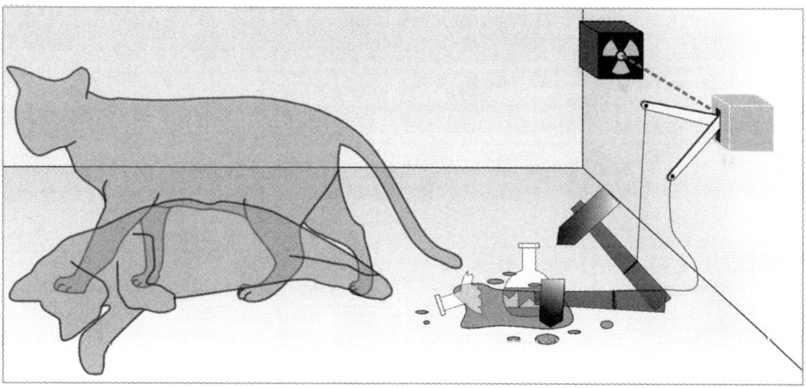

está *tanto* muerto *como* vivo al mismo tiempo hasta que su condición esté fijada por la observación. Schrödinger concibió el experimento para demostrar lo ridículos que son algunos aspectos de la teoría del quantum cuando pasan del nivel atómico al mundo a nuestro alrededor, ¿por qué el gato está muerto *y también* vivo hasta que su condición sea *fijada*, en lugar de que esté muerto *o* vivo hasta que su condición sea *conocida*? Todo tiene que ver con el estado de enredo de las partículas subatómicas del quantum, pero que no necesitamos ver aquí con más detalle. La pregunta es, como ocurre con el árbol, ¿cómo la presencia de un observador impacta en, o en realidad crea, aquello que pensamos que es la realidad?

¿La nada es algo?

"Nada vendrá de nada", le dice el rey Lear a Cordelia. Parecería que todo vendría de nada, ya sea que prefiramos ver los orígenes del universo en Dios o el *Big Bang*, ambos han creado todo *ex nihilo* (a partir de nada).

Una de las preguntas clave en metafísica es, ¿por qué hay algo en lugar de nada? (si en verdad está ahí). En realidad, todo el algo es principalmente nada, y "nada" solo tiene sentido

Nada como cero llegó a Europa en la Edad Media de parte de los matemáticos árabes. Antes de eso, el concepto de ninguno como cantidad no existía en Europa.

porque hay algo. Un hueco o vacío solo es definible porque en algún lugar hay algo.

Existe mucha más nada de lo que nos gusta pensar. Cada átomo es un 99.999999999999 % espacio vacío. Eso significa que los objetos ocupan 10^{14} más espacio de lo que ocuparían si todo el material en un átomo estuviese compactado sin el espacio vacío. Eso es difícil de imaginar: significa que el Sol, que mide 1.4 millones de kilómetros de diámetro, se compactaría a 1.5 centésimas de milímetro, o 14 micrones. Eso es como un millón de veces más denso que un hoyo negro. Para expresarlo de otra manera, hay 100 000 000 000 000 más veces de nada que algo en el material que consideramos como materia. Y en el espacio hay incluso menos algo (o más nada). Es la existencia de la nada, el espacio dentro y entre las partículas, lo que hace posible nuestro mundo.

¿POR QUÉ HAY ALGO EN LUGAR DE NADA?

La existencia del universo por lo general es explicada haciendo referencia al "primer motor" o "causa primera", del cual o por el cual todo fue creado de la nada. Existen muchas explicaciones sobrenaturales, mitos y religiones, que tienen a un ser como la causa primera. La física tiene al *Big Bang* como el originador más probable del universo, así que esto ocupa el papel de la causa primera. En ambos casos, la pregunta de qué había antes es considerada carente de sentido, tan carente de sentido como preguntar qué está al norte del Polo Norte.

Capítulo 3

¿Qué es lo que sabes?

¿Cómo conoces la información, y de qué puedes estar seguro?

El conocimiento ha tenido una mala publicidad en ciertos momentos de la historia. En la tradición judeo-cristiana, fue comer el fruto del árbol del conocimiento lo que condujo a la caída del hombre. En la leyenda medieval, el sabio Fausto cambia su alma por conocimientos de necromancia y el poder que le proporciona. Pero sin una manzana o un demonio a la mano, ¿cómo obtenemos la mayoría de nosotros el conocimiento?

El Lienzo en blanco

Un bebé recién nacido no puede hacer mucho, pero adquiere un gran cuerpo de conocimientos con gran rapidez. Aristóteles fue el primero en sugerir que un bebé nace con una mente vacía, o una "tabla sin escribir", sobre la cual la experiencia escribe el conocimiento. Alrededor de 1300 años después, el filósofo persa, IbnSina (o Avicena), utilizó la

frase "tabula rasa" (pizarra en blanco): "... el intelecto humano al nacer es como una *tabula rasa*, una potencia pura que es actualizada mediante la educación y llega a saber".

> ***"Si observamos con atención a los niños recién nacidos, tendremos pocas razones para pensar que traen con ellos muchas ideas al mundo... (pero) después, gradualmente, las ideas entran en sus mentes".***
> John Locke, 1689.

El bebé tiene que aprender cómo gatear, luego caminar, cómo hablar, cómo relacionarse con otras personas. Los neurólogos nos pueden decir cómo el cerebro continúa su desarrollo, cómo hace crecer las neuronas y las conexiones entre ellas y cómo es físicamente incapaz de aprender algunas habilidades antes de una etapa particular del desarrollo físico. ¿Pero esto en realidad demuestra que el bebé está aprendiendo estas habilidades desde una posición de ignorancia absoluta?

Platón y el alma con conocimiento

Platón no pensaba así. Él creía que las almas humanas pre-existen y se distribuyen en los bebés. En sus formas desencarnadas, las almas tienen un conocimiento y comprensión innatos y tienen acceso al reino de las formas. Una vez albergados en una mente y un cuerpo humanos, ese conocimiento puro se esconde del alma. Cuando aprendemos, según Platón, en realidad estamos descubriendo el conocimiento que ya está ahí, que es innato. No es de sorprender que este punto de vista se conozca como innatismo. Es como si el alma hubiese sido puesta en un cubículo de cristal con vidrios empañados y tuviera que limpiar espacios claros, para ver otra vez lo que podía ver previamente con claridad cuando se encontraba afuera del cubículo. Incluso entonces, ve a través de cristales borrosos en lugar de ver las cosas realmente. Por consiguiente, el bebé tiene una gran cantidad de conocimiento guardado, pero no puede tener acceso a este sin ayuda.

Platón intentaba probar esto al mostrar a Sócrates "descubriendo" el conocimiento en un esclavo. El esclavo parecía no saber nada de una fórmula geométrica. Mediante hacerle preguntas, Sócrates finalmente logró que el esclavo expusiera la fórmula, demostrando, afirmaba, que el esclavo sabía todo aquello, pero necesitaba ayuda para descubrirlo. Desde luego, la prueba es engañosa. Las preguntas de Sócrates dirigían al esclavo, a través del razonamiento, hacia la conclusión correcta.

"(El espíritu) es un verdadero prisionero atrapado dentro de su cuerpo... y en lugar de investigar la realidad por sí mismo y en sí mismo, es obligado a mirar a través de los barrotes de su prisión".
Platón.

Innatistas posteriores a menudo decían que Dios le proporcionaba al alma una especie de paquete inicial de conocimiento. Ideas que se afirma son innatas incluyen la existencia de Dios (René Descartes), hechos matemáticos como que 1+1 = 2 (Gottfried Leibniz) y verdades éticas acerca de lo que es correcto o incorrecto (Immanuel Kant). Si el conocimiento moral es innato, debe ser absoluto e inmutable de manera que el bien o el mal es el mismo para todas las personas, en todos los lugares y en todas las épocas (ver *¿Debemos Quemar Siempre a las Brujas?*). En algunos casos, las personas podrían no estar conscientes de una verdad innata, pero eso se debe a que esta no ha sido despertada en ellas, no debido a que no la tienen. Un empujoncito o recordatorio ligero puede traerla a la superficie.

Racionalistas y empiristas

Ya sea que el conocimiento viene con el alma o debe ser conseguido otra vez en cada nueva vida, hay dos fuentes principales posibles. Podríamos ser capaces de obtener conocimiento mediante la aplicación de la razón, o a través de la evidencia de nuestros sentidos. Aquellos filósofos, como Platón y Descartes, que creen que pueden alcanzar el conocimiento solo mediante la aplicación de la razón, son llamados racionalistas. Aquellos, como Aristóteles y Locke, quienes consideran que nuestros sentidos son la única fuente confiable de conocimiento, son llamados empiristas. Los empiristas tienden a adoptar el punto de vista de la *tabula rasa* y asumen que el niño necesita experimentar el mundo con el fin de aprender. Los racionalistas aceptan alguna forma de conocimiento innato que puede ser puesto en uso o al menos algunas estructuras innatas para alcanzar o estructurar el conocimiento.

El filósofo escocés David Hume adoptó el punto de vista empírico tanto como fue posible y rechazó la certidumbre de todo lo que no pudiese experimentar directamente por sí mismo. Esto lo dejó negando la existencia de Dios, de toda causa y efecto, de

NO SABEMOS NADA

Los escépticos fueron un grupo de filósofos del siglo III a. C. que creían que no podemos estar seguros de nada. Ya que lo que conocemos del mundo físico viene a través de nuestros sentidos imperfectos, no puede ser confiable. Esto se debe a que nunca sabemos si estamos viendo la imagen completa o una visión distorsionada. Si vemos árboles a nuestro alrededor, no sabemos si nos encontramos en un bosque enorme o una pequeña arboleda. Si vemos agua frente a nosotros, esta podría ser un ancho río o un enorme océano.

Los escépticos creían que su sistema podría conducirnos a una vida menos estresante ya que nos ayuda a estar más calmados y desvinculados. Si no pretendemos saber si algunas cosas son buenas o malas, no estaremos ansiosos por ellas, no nos dolerá su ausencia o no temeremos su pérdida. Permaneceremos impávidos por el cambio de suerte. En otras palabras, la ignorancia es felicidad.

todo el conocimiento derivado de la razón e incluso, finalmente, de su propia identidad. De todo lo que podía estar seguro era que percibía cosas. No podía tener certeza de que las percepciones se relacionaban con algo real "allá afuera". "No soy nada más que un montón de percepciones", concluyó.

¿Puedes creerle a tus ojos?

A menos que seas daltónico, es probable que te sientas seguro de los colores de los objetos. Digamos que tienes unos pantalones cortos de color rojo. La característica que llamamos "rojo" significa "reflejar (o emitir) luz roja, una radiación

DESPLAZAMIENTO AL ROJO

No es solo nuestra percepción lo que podría distorsionar cómo la realidad parece ser. La física es muy feliz de explicar esto para nosotros. Cuando un objeto se aleja de un observador, la longitud de onda de la luz que llega al observador se vuelve cada vez más larga, desplazándose hacia el extremo rojo del espectro. Este es un resultado del efecto Doppler, el mismo efecto que ocasiona que el ruido causado por un vehículo que pasa a gran velocidad parece hacerse más agudo y luego más grave. El desplazamiento al rojo ocasiona que las estrellas que se alejan de nosotros conforme el universo se expande parezcan ser más rojas de lo que son, es decir, parecen más rojas que la luz que emiten en realidad.

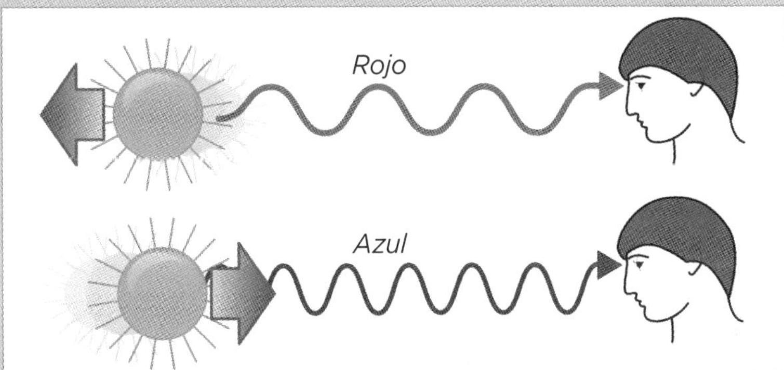

Si la estrella se encuentra estacionaria en relación con nosotros, se mira de color blanco. Si se aleja de nosotros, parece roja. Si se mueve hacia nosotros, parece azul. El "color" de una estrella depende de si investigamos la longitud de onda de la luz como es emitida o la longitud de onda de la luz cuando llega a nuestros ojos.

electromagnética con una longitud de onda de alrededor de 650 nanómetros".

Pero aunque todos podríamos estar de acuerdo en que tus pantalones cortos son rojos, no tenemos forma de decir si yo veo lo mismo que tú ves. Podríamos experimentar el color rojo de manera muy diferente, pero nunca saberlo.

Immanuel Kant sostuvo que únicamente podemos conocer el mundo a través de las percepciones de los sentidos y que no podemos saber cómo la impresión que tenemos de las cosas se relaciona con cómo son (o si son) realmente. Dijo que si pasamos toda nuestra vida mirando a través de unos lentes distorsionantes nunca sabríamos que lo que pensamos que vimos no era la realidad. Es interesante que si las personas usan lentes que invierten la imagen que ven, después de unos cuantos días su cerebro ajusta la distorsión y ellos ven los objetos en la forma correcta hacia arriba, como si no usaran los lentes. Vemos lo que esperamos ver, no podemos saber cómo eso se relaciona con la realidad, o si esa frase incluso tiene algún significado.

Tener fe

Otra posible fuente de conocimiento es la inspiración divina o tener el don de la comprensión mediante la fe. San Agustín creía que él solamente podía tener una comprensión total mediante la gracia de Dios. Confió en una frase de la Biblia: "A menos que creas no comprenderás" (Isaías 26:3). Desde luego, la clase de conocimiento que se obtiene con la fe no es propenso a las pruebas. Su confiabilidad estará en duda por las personas que no comparten las mismas creencias que el pensador.

Nativismo: inculcar para el conocimiento

Immanuel Kant propuso que el niño conoce objetos de maneras innatas que no dependen de un conocimiento atrapado con memorias difusas del reino de las formas. Su explicación depende de su complicado grupo de "categorías" que describe todos los objetos, pero por fortuna explicaciones más recientes del nativismo (la idea de que estamos de alguna manera preparados para el conocimiento) son más sencillas de comprender y se fundamentan en algo más concreto.

Los filósofos modernos con un interés en la psicología, como Noam Chomsky y Jerry Fodor, argumentan que la estructura del cerebro está preparada para aceptar o estructurar el conocimiento en ciertas formas.

No es que el bebé ya conozca cosas, sino que el bebé ya conoce *cómo* conocer cosas. Es un poco como tener un disco duro preformateado, tiene todas las estructuras establecidas para aceptar la información y ahora solo necesitas llenarlo.

Chomsky señala las semejanzas subyacentes en las estructuras lingüísticas para apoyar su argumento de que el aprendizaje del len-

guaje es algo en lo que el cerebro está previamente preparado, pero que hay otros tipos de conocimiento que tienen que ser adquiridos en edades tempranas. Los niños que han sido excluidos desde la infancia de la compañía humana en ocasiones nunca aprenden a hablar, caminar erguidos, comer comida cocinada o usar ropa. Chomsky piensa que lo mismo podría ser verdad acerca de las estructuras morales y esto está fundamentado por los valores morales tan similares encontrados en culturas diferentes (a pesar de que eso también podría explicarse por ser estos los valores que logran que la vida comunal se lleve a cabo sin contratiempos).

Chomsky sospecha que la estructura de las mentes podría incluso limitar lo que podemos conocer. Algunas preguntas podrían estar más allá de nosotros mismos porque nuestros cerebros no están estructurados en una cierta manera que pueda alguna vez entender una respuesta para ellas, tal como nuestros ojos no están diseñados para ver la luz infrarroja o nuestros oídos para escuchar sonidos de muy baja frecuencia. Por consiguiente pensaba que algunos asuntos en filosofía podrían ser clasificados en esa categoría.

NATURALEZA Y EDUCACIÓN

El debate del conocimiento innato y la *tabula rasa* es un aspecto central de las discusiones respecto a si estamos hechos principalmente por la naturaleza (características innatas o heredadas) o por la educación (el medio ambiente y nuestra crianza). Eso se extiende a todas las áreas del debate social. ¿Alguien nació siendo homosexual o se ha convertido en homosexual? ¿Algunas personas nacen con tendencias criminales o fue un error de sus padres, la escuela y el condicionamiento social?

El punto de vista de *tabula rasa* diría que todo lo que somos proviene de la educación. El punto de vista innatista diría que lo que somos ya está en gran medida determinado antes de nuestro nacimiento. Una creencia demasiado firme en la importancia de la naturaleza en la ecuación, podría conducir a políticas públicas peligrosas, incluyendo la eugenesia, es decir, el intento por reproducir o dejar de reproducir ciertas características mediante la limitación del conjunto de características genéticas humanas, obtenido mediante el establecimiento de restricciones respecto a quién puede tener hijos y quién no.

Capítulo 4

¿El pastel Jaffa es un pastel o una galleta? ¿Y por qué debería importarte?

¿Cómo debemos categorizar el mundo y cómo sabemos que los resultados obtenidos se basan en la realidad?

Los pastelitos Jaffa Cake tienen una base esponjosa, una capa de pasta sabor naranja y una cubierta de chocolate. ¿Eso lo convierte en un pastel o en una galleta? En 1991, McVities, la empresa fabricante del Jaffa Cake, tuvo una disputa legal con una dependencia fiscal del gobierno del Reino Unido exactamente por esa misma pregunta. Las galletas cubiertas de chocolate tienen el impuesto al valor agregado, pero los pasteles no, ya sea que tengan o no chocolate encima de ellos.

¿Cómo agrupamos las cosas?

La tendencia humana a poner las cosas dentro de categorías es inmensa. Clasificamos todo, incluso, según parece, las galletas y los pasteles. ¿Pero la clasificación refleja clasificaciones en la realidad o crea categorías artificiales?

Aristóteles intentó una clasificación formal hace más de 2300 años. Creía que estaba identificando clasificaciones que dividían genuinamente las cosas, una postura que lo hizo un realista. (Alguien que cree que la clasificación es completamente impuesta en las cosas clasificadas es un conceptualista). Aristóteles enumeró diez clasificaciones máximas que se podrían utilizar para distinguir los objetos (o posiblemente palabras; no es muy evidente si hablaba sobre las

EL CASO JUDICIAL CONTRA LOS PRODUCTOS JAFFA CAKES

Para decidir, el tribunal consideró los siguientes puntos:

- El nombre incluía la palabra “cake” (pastel), pero esto no dio mucho resultado.
- Los productos Jaffa Cake están elaborados con una mezcla de huevo, harina y azúcar que resulta esponjosa y aireada al cocinarse, tal como un pastel verdadero. La masa es delgada, como la masa del pastel, no espesa como la masa de una galleta.
- Los pasteles son suaves y flexibles, las galletas se rompen. Un Jaffa Cake no se rompe y tiene la textura de un pastel esponjoso.
- Cuando se hace viejo, un Jaffa Cake se hace duro como un pastel. Cuando las galletas se hacen viejas, se hacen suaves.
- Los Jaffa Cakes son pequeños como las galletas, demasiado grandes para un pastel.
- Los Jaffa Cakes se venden en paquetes que parecen más como paquetes de galletas que empaques de pasteles.
- Los Jaffa Cakes por lo común son mostrados para su venta con las galletas, en vez del sitio de los pasteles.
- Los Jaffa Cakes son presentados como una golosina para comerse con los dedos. Los pasteles con frecuencia se comen con tenedor.
- La parte esponjosa de un Jaffa Cake es una parte esencial de su volumen.

Sí, así es como se gasta el dinero de los contribuyentes británicos... y resulta que es un pastel. El tribunal decidió que los Jaffa Cakes tenían las características suficientes de los pasteles para ser aceptados como tales y, en consecuencia, para ser exentados del impuesto al valor agregado.

palabras o las cosas a las que se referían las palabras).

Las diez categorías son: (1) **sustancia** (por ejemplo, hombre o caballo); (2) **cantidad**; (3) **calidad** (por ejemplo, blanco); (4) **relación** (por ejemplo, mitad, doble); (5) **lugar**; (6) **tiempo**; (7) **estar en una posición** (por ejemplo, sentado); (8) **tener** (por ejemplo, tiene puesto un sombrero); (9) **actuar** y (10) **ser afectado** (por ejemplo, ser cortado). Esto es mucho más complicado de lo que puede sugerir cualquier lista. La distinción importante es que un elemento no puede ser otro, así, por ejemplo, la cantidad no es un tipo de sustancia o un lugar.

Aristóteles no tenía una categoría "superior" que incluía todo, ya que clasificar es establecer distinciones entre las cosas y, por lógica, si todo se encuentra en una categoría superior, no hay nada que esté fuera de ella. No obstante, las clasificaciones contienen subdi-

visiones múltiples. Podemos desplazarnos arriba y abajo de un sistema de clasificaciones para incluir más o menos ejemplos. Por ejemplo, si tenemos una clasificación de perros, podríamos movernos hacia abajo a la categoría de dálmatas o hacia arriba a la categoría de mamíferos terrestres. El acto de clasificar requiere investigar las cosas y ver qué características tienen en común y cuáles las distinguen de otras cosas.

Estar seguro. ¿Qué es necesario y suficiente?

Para clasificar y definir de manera adecuada, en la forma tradicional o clásica, necesitamos encontrar propiedades que son necesarias y suficientes para ubicar las cosas en un grupo y no en otro. La clasificación clásica proporciona categorías suficientes para que todo pueda ser clasificado.

Agrupación por especies. Tipos de animales que se reproducirán unos con otros, esto es bastante claro, ya que es una distinción innata en los animales en lugar de alguna otra observada por los científicos.

Y las clasificaciones deben ser mutuamente excluyentes, así, si algo es un ave, no puede ser un pez; si es una motocicleta, no puede ser un coche.

¿Animal o vegetal?

El primer intento sistemático a gran escala para clasificar a los seres vivos fue realizado por el naturalista suizo Carl Linneo en el siglo XVIII. Él trabajó a partir de características visibles para tratar de establecer relaciones entre los organismos y desarrolló la división familiar de organismos en reino, clase, orden, género y especies. Su *Systema Naturae* fue publicado por primera vez en 1735 y solo contaba con 12 páginas. La doceava edición, la última supervisada por Linneo, contaba con 2400 páginas y se concluyó en 1768.

En la actualidad, la filogenética adopta un método diferente y trabaja a partir del ADN de los organismos para establecer grupos (agrupaciones que dependen de que los organismos compartan una o más características del último ancestro conocido en la línea de evolución). La intención es resolver cómo todo lo que ha evolucionado provino de otros organismos, una clase de árbol genealógico gigantesco para todo el mundo natural. No es algo directo. A menudo, existe más de una forma de agrupar a las criaturas dependiendo de qué características observas.

Tigres rizados

Los filósofos estadunidenses Saul Kripke (nacido en 1940) e Hilary Putnam (nacido en 1926) han intentado definir las categorías al refe-

rirse a las propiedades necesarias que son inherentes en las cosas, en lugar de las propiedades primarias de Locke. Si intentáramos definir un tigre, podríamos decir que tiene franjas y cuatro patas. Aun cuando estas son características comunes de un tigre, no son necesariamente propiedades, ya que un tigre podría ser albino o podría haber perdido una pata y todavía ser un tigre. Para definir a un tigre con mayor precisión, podríamos decir que debe tener ADN de tigre. Algo que no tiene ADN de tigre no puede ser un tigre, así que el ADN de tigre es una propiedad necesaria. Sin embargo, tener ADN de tigre no es suficiente para identificar a un tigre, tan solo la pata perdida o un trozo de la piel con franjas (o albina) tendrían ADN de tigre, pero no podrían ser llamados un tigre.

Quizá podríamos definir a un tigre al decir que es un organismo vivo completo con ADN de tigre. Eso se escucha mejor. Pero mientras más sabemos más difícil se vuelve. ¿Qué hay con una tigresa embarazada, a punto de dar a luz? Es un organismo autónomo, pero quizá son tres o cuatro tigres. Hay más células microbianas en el cuerpo humano que células humanas, presumiblemente lo mismo es cierto de los tigres. Así que hay más elementos que no son el tigre en un tigre que los que hay de un tigre, no obstante, no nos referimos al tigre como una colonia de microbios que habitan una estructura que tiene ADN de tigre. Ya estamos siendo selectivos en cómo vemos las cosas para clasificarlas.

No hay diferencia biológica entre una flor y la maleza. Podrías decir que una "flor" es una planta que es agradable a los seres humanos. ¿Pero es una margarita en el césped una flor o es maleza? ¿Es maleza una flor que simplemente está en el lugar equivocado?

Teniendo incertidumbre

Las fronteras entre las categorías solo en raras ocasiones están bien definidas. El fraile inglés William de Ockham, quien falleció en el año 1347, sostuvo que todas las categorías, incluso etiquetas como "humano" o "árbol", son solo estructuras que imponemos en la realidad con el fin de ayudarnos a pensar acerca del mundo. El filósofo y físico austriaco Ensl Mach (1838-1916) sugirió que incluso las leyes de la naturaleza o de la física que afirma-

Versión científica del Árbol de la vida

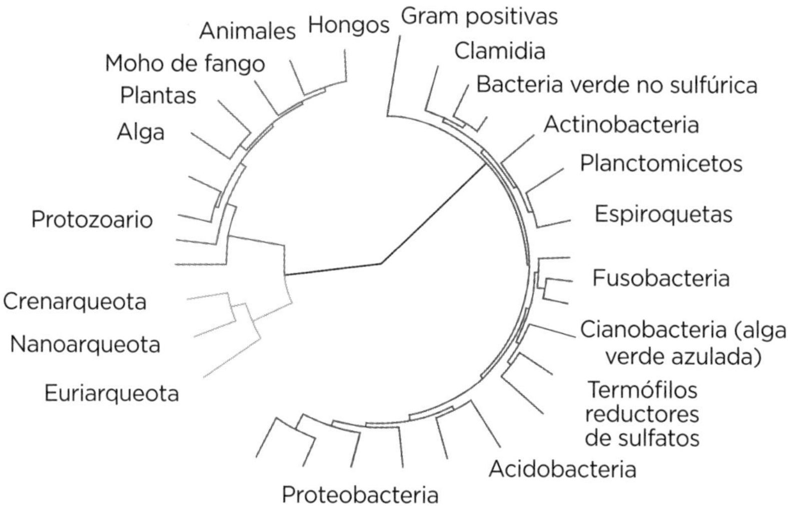

mos descubrir, son únicamente el producto de nuestras mentes, que buscan imponer el orden en nuestros entornos. Las leyes no son "reales". Simplemente son la mejor explicación que podemos obtener en algún conjunto particular de circunstancias.

¿Quién elige?

La filogenética es una forma de clasificar a los seres vivos y es una forma que resulta muy útil para los biólogos. ¿Pero es intrínsecamente más válida que agruparlos por color, tamaño o ferocidad? Un científico diría que las relaciones son intrínsecas, un tipo de animal dio origen a otro a través de la evolución y solo necesitamos descubrir la relación exacta; no lo estamos inventando. Un artista podría agrupar algunos tipos de tortugas con algunos tipos de gatos como teniendo patrones similares. Quizá esto también nos diga algo útil acerca de los animales. Pudiese ser que ambos desarrollaron este patrón por alguna razón (camuflaje, por ejemplo). O quizá hay algo importante respecto a la belleza. En la actualidad le damos prioridad a la ciencia, pero eso no significa que la ciencia proporciona un método de clasificación que es objetivamente "mejor" o más "verdadero" que algún otro.

BALLENA DE LAS MONTAÑAS

Si las clasificaciones existen para nuestro servicio, ¿qué ocurre cuando nuestros sistemas de clasificación dan resultados que no deseamos? Tenemos que cambiarlos. Cuando la ética budista llegó a Japón hace unos 1500 años, llevó una prohibición en contra de comer animales cuadrúpedos. El astuto japonés, que gustaba de comer ciertos animales cuadrúpedos, le dio la vuelta al problema mediante la reclasificación de dos favoritos. El jabalí se convirtió en *yama kujira*, la "ballena de las montañas", y una liebre se volvió un tipo de ave. Se dijo que el jabalí sabía cómo la ballena y, si se esfuerza uno un poco, las orejas de la liebre pueden ser consideradas algo así como alas. Al cambiar la clasificación y el nombre, la naturaleza del animal fue considerada cambiada lo suficiente, ya sea para aliviar la conciencia o para engañar a cualquier monje que anduviera mirando.

Capítulo 5

¿Té o café

(con ese Jaffa Cake)?

¿Eliges ser la persona que eres o todo en tu vida está predeterminado?

¿Crees que eres libre de elegir lo que haces? ¿O todo está predestinado, exactamente como tomar té o café con tu Jaffa Cake? ¿O quizá eres un poco libre?

Libre albedrío y determinismo

A la creencia de que todo está predestinado o predeterminado, se le denomina Determinismo. Esta puede provenir de una postura religiosa o espiritual, o de una científica.

Lo opuesto es la creencia en el libre albedrío, que afirma que somos completamente libres de actuar como elegimos. Debido a que no sabemos lo que va a ocurrir, incluso si está predestinado, todos pensamos y actuamos como si tuviésemos libre albedrío. De hecho, la ilusión de libre albedrío parece esencial. Sin ella, estaríamos paralizados por la idea de que nada de lo que hagamos puede, posiblemente, cambiar la forma en que se desarrollará el futuro y entonces sentiríamos que toda acción carece de sentido.

"La experiencia nos dice con claridad que los hombres creen que son libres simplemente porque están conscientes de sus acciones e inconscientes de las causas mediante las cuales estas causas son determinadas".
Baruch Spinoza, 1632-77.

No conoces lo que hay adentro hasta que abres el regalo, este no cambiará solo porque lo abres, ya que lo que está adentro ya se encuentra fijado. ¿El futuro es el mismo?

En la antigua Grecia y la antigua Roma, las personas solicitaban a los oráculos que les revelaran el futuro o les proporcionarán un consejo de cómo deberían actuar. Esto sugiere que creían que el futuro estaba planeado, pero no de manera irrevocable. Se pensaba que existía una fuerte tendencia para que ocurrieran ciertos acontecimientos, pero ellos todavía podían intervenir al menos en cierto grado. Si no hubiesen creído esto, no hubiese tenido sentido el costoso negocio de ofrecer sacrificios y solicitar consejo. Quizá podemos observar un paralelismo con la persona que sabe que tiene una tendencia genética a una enfermedad del corazón y adopta un estilo de vida saludable para minimizar el riesgo.

Por otro lado, las historias como la de Edipo, quien no podía escapar de tener que asesinar a su padre y casarse con su madre, muestra a los humanos reducidos a gusanos que se retuercen en el anzuelo del destino, impotentes para cambiar su suerte, impotentes para cambiar su destino. ¿Cuál es la utilidad de conocer tu destino si no puedes evitarlo? Edipo es una figura trágica y heroica porque lucha contra la adversidad. Simpatizamos con su terrible posición y admiramos el esfuerzo que efectúa para evitar su destino. Su respuesta demuestra grandeza de espíritu ya que se empeña en hacer lo que es correcto en contra de la suerte en su contra. Lo que ocurre quizá no se puede evitar, pero él tiene el poder sobre quién es, manifestado en cómo responde a ello.

¿O no le ocurre así? Si todo está predeterminado, quizá su inútil lucha también lo está. O a lo mejor existe alguna clase de punto intermedio (somos como trenes en una vía férrea: un tren no puede des-

VISTO O PREVISTO

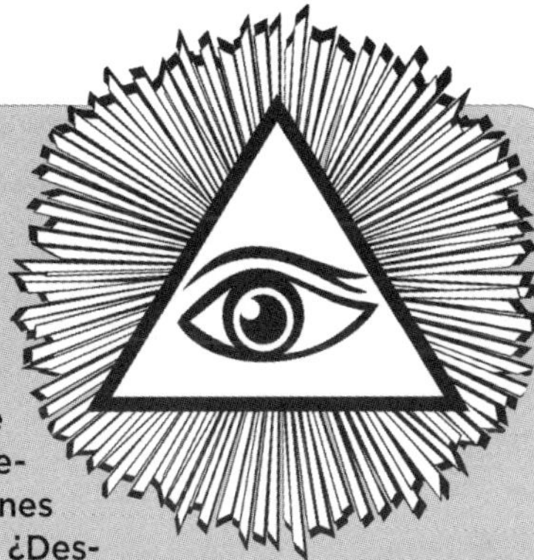

Las religiones teístas, como el Cristianismo, se centran alrededor de un dios que es omnisciente (que todo lo sabe). Si este dios puede ver lo que va a ocurrir, ¿eso significa que no somos libres de actuar como deseamos y que todas nuestras acciones están decididas por adelantado? ¿Después de todo, si Dios sabe que vas a comer un pastelito Jaffa Cake, podrías evitar hacerlo? La respuesta sencilla es "sí", tú puedes, Dios sabe, pero no lo manda. Si vas a cambiar de opinión y no vas a comer un Jaffa Cake, Dios también vería eso. El filósofo Boecio (alrededor del 480-524/525 d. C.) hizo un buen trabajo al explicar la diferencia entre predestinación y predicción. Debido a que Dios existe fuera del tiempo, puede ver todo en un presente eterno. Su visión no causa que esto ocurra, no más que el sol naciente causa estos acontecimientos. Dios puede también ver si las cosas suceden por necesidad o por libre decisión. El sol sale por necesidad, debe hacerlo, sigue las leyes de la física, no hay decisión implicada. Pero una persona que camina ha escogido caminar y la ves caminando únicamente porque ha decidido libremente hacerlo así. No obstante, algunos dioses pueden hacer más que predecir. Los musulmanes creen que todo sucede por la voluntad de Alá. Esto significa que no tienes que ser particularmente cuidadoso, ya que si Alá quiere que vivas para ver otro día estarás bien. Y si ha llegado tu hora, nada, ni usar muchos cascos, ni un cinturón de seguridad, te ayudará. En este caso, tu destino está predestinado.

viarse de la vía, pero puede avanzar rápido o lento y puede transportar mercancías o pasajeros).

¿Libre albedrío o pecado?

En el contexto de una religión que ve algunas personas salvadas y otras condenadas, el tema del libre albedrío es muy importante. Después de todo, si tu destino ya está planeado, ¿cuál sería el caso de seguir las normas? Nada cambiaría.

El Calvinismo, una rama del Cristianismo con base en las enseñanzas de John Calvin (1509-64), adopta exactamente esa postura. Afirma que el estado de salvado o no salvado de todas las personas está predeterminado. Esta es la doctrina de la elección. Todos nacen pecadores y son incapaces de redención excepto mediante la gracia de Dios. Dios ya ha escogido a los elegidos, seleccionados en toda la eternidad, y no hay nada que podamos hacer para cambiar nuestro destino. Ser uno de los elegidos no depende de los actos o pensamientos del individuo, sino del criterio conocido únicamente por Dios. No es claro si Dios podría seleccionar con base en la precognición acerca de cómo las personas elegirán comportarse. El Islam tiene el mismo problema: solo aquellos que miran a Alá serán guiados, pero Alá escoge quien lo mira a él: "Alá abre al islam el pecho de aquel a quien quiere guiar, y a quien quiere extraviar cierra y oprime su pecho". (Corán, 6:125)

Parecería que si Dios ha escogido a los elegidos y ellos han sido escogidos por toda la eternidad, también podríamos ser muy indulgentes con nosotros mismos, después de todo nada va a cambiar. Sin

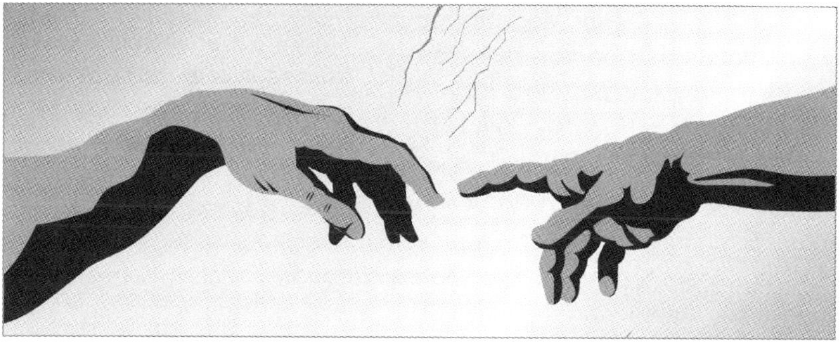

embargo, los calvinistas siempre están en la búsqueda de una señal de que se encuentran entre los elegidos. Los elegidos mirarán a Dios y el Espíritu Santo, "con su gracia causa que el pecador elegido coopere, crea, se arrepienta y que se acerque libre y voluntariamente a Cristo". Una tendencia a la bebida, las apuestas y la lujuria serán señales de no ser elegido, por consiguiente, eso mantiene a los creyentes en el camino recto y estrecho. Es una situación extraña, los calvinistas siguen las normas con el fin de demostrar que algo ya ha ocurrido (que Dios los ha escogido para su salvación).

Física y libre albedrío

La física moderna sostiene que las leyes físicas rigen todo lo que ocurre en el universo, y las leyes de la física (probablemente) no cambian con el tiempo. Esto significa que directamente en el nivel subatómico, cada acción y reacción es predecible e inevitable. No podemos en realidad realizar la predicción gran parte del tiempo, porque tenemos un conocimiento incompleto y una capacidad de computación inadecuada para hacer esto, pero la inevitabilidad física todavía está ahí. Rastreando esto hacia el pasado, todo lo que ha ocurrido desde el *Big Bang* fue inevitable. Si reproducimos los últimos 13800 millones de años, exactamente las mismas cosas sucederían de nuevo.

> ***"Todos los acontecimientos físicos son causados o determinados por la suma total de todos los acontecimientos previos".***
> Daniel Dennett, 1984.

En un universo fisicalista, no somos más que materia, como cualquier otra materia, y nuestros pensamientos e intenciones son el resultado de cambios químicos en el cerebro. Todo lo que pensamos, hacemos e intentamos debe también seguir las leyes físicas y debe ser inevitable. Este determinismo físico le arrebata a la humanidad cualquier clase de libre albedrío. Únicamente recurriendo a algún espíritu animante, no físico, que no está sometido a las leyes científicas podríamos reclamar el libre albedrío (ver *¿Hay un Fantasma en la Máquina?*).

Libertad y caos

La teoría del caos estudia las dinámicas de sistemas que son muy sensitivos para condiciones de inicio, así que un cambio muy pequeño en el inicio puede tener un efecto muy grande más adelante. A pesar de que el resultado es regido por las leyes físicas, y así es teóricamente predecible, las condiciones y cálculos son demasiado complejos para que realmente se puedan hacer predicciones. El clima es un buen ejemplo de un sistema caótico: existen tantas variables que tomar en cuenta que un pronóstico del clima a largo plazo que sea preciso es prácticamente imposible, a pesar de que es teóricamente posible. Esto ha sido en ocasiones ilustrado al sugerir que el aleteo de las alas de una mariposa podría ocasionar una tormenta a miles de kilómetros de distancia.

Debido a que la teoría depende de los efectos de cambiar una condición inicial, asume que existe en algún punto más de un estado posible. La mariposa podría o no aletear sus alas, la noción de que

La idea de que el aleteo de las alas de una mariposa podría afectar un sistema climático lejano a menudo se ha utilizado para explicar la teoría del caos: el concepto de que todo es parte de un sistema increíblemente complicado.

hay una elección sugiere que todo no está completamente fijado por adelantado.

Por otro lado, debido a que todos los acontecimientos futuros son determinados por cada decisión pequeña, el libre albedrío está defendiendo una situación difícil. Una vía de escape es postular múltiples universos, diferentes versiones del universo que existen para

¿Dónde estaríamos si los dinosaurios no hubiesen sido eliminados? En alguno de un número infinito de universos alternativos.

LA MARIPOSA TAN IMPORTANTE

En "Un Sonido del Trueno", escrita en 1952 por Ray Bradbury, un viajero en el tiempo visita la era de los dinosaurios y sin advertirlo mata a una mariposa. A su regreso al mundo moderno, descubre que la ortografía del idioma inglés no es como la recuerda y el resultado de una votación electoral reciente fue revertido. La muerte de una mariposa alteró el curso de la historia en formas impredecibles.

todas las posibles elecciones o acontecimientos que pudieran ocurrir, con una nueva ramificación en puntos infinitos, por ejemplo, siempre que elijas té o café, quédate hasta tarde en la cama o escoge un regalo en lugar de otro.

¿Qué es lo que hace tu cerebro?

Un experimento neurológico llevado a cabo en el Instituto Max Planck en Alemania, en 2008, nos ha proporcionado una nueva y sorprendente comprensión en el tema del libre albedrío. Los investigadores utilizaron un aparato de resonancia magnética para analizar la actividad cerebral de sujetos que elegían si apretaban un botón con su mano izquierda o su mano derecha. Al observar la actividad del cerebro, los neurocientíficos descubrieron que podían predecir la decisión que el sujeto iba a hacer siete segundos antes de que este pensara que había tomado una decisión. Los científicos dijeron que esto sugiere que nuestro sentido de decisión es un subproducto de procesos subconscientes. En otras palabras, no tenemos libre albedrio, sino que nuestros cerebros nos engañan haciéndonos

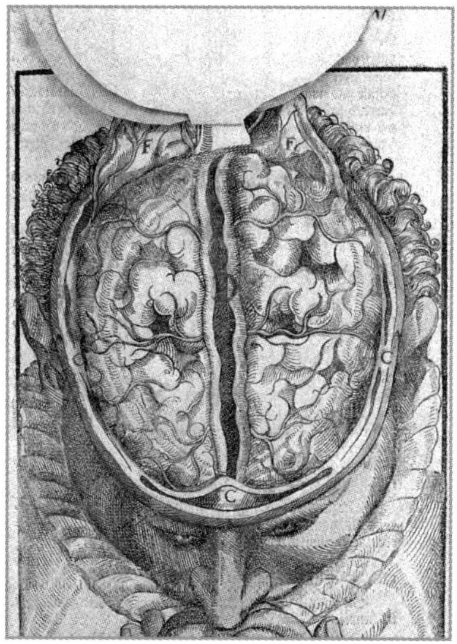

pensar que lo tenemos. Como Spinoza dijo hace 350 años: "Los hombres creen que son libres simplemente porque están conscientes de sus acciones e inconscientes de las causas por las cuales estas acciones son determinadas".

Otras restricciones

Si creemos que somos libres de actuar en aquello que en nuestros destinos no ha sido ya irrevocablemente planeados por alguna deidad o las leyes de la física, todavía subsisten algunas restricciones.

Se nos puede negar la libertad de elección de muchas maneras. Una persona que se encuentra en prisión está restringida en sus decisiones. Una persona que está parapléjica está restringida en sus decisiones. Una persona que vive en una pobreza extrema está restringida en sus decisiones. Y podríamos llevar esto más allá todavía y decir que alguien que no tuvo buenas oportunidades en su juventud o acceso a la educación está restringido en sus decisiones, o que alguien que es oprimido por un compañero abusivo o que recibe un lavado de cerebro por un gobierno opresivo, está restringido en sus decisiones. ¿En qué punto podemos decir que las fuerzas que actúan en una persona constituyen una pérdida del libre albedrío?

Si una persona está destinada a llevar a cabo ciertas acciones, ya sea por la química de su cerebro o por un plan divino, ¿podemos con justicia responsabilizarlo por lo que hace? ¿O si la ilusión de elección es solo eso, producto de nuestros cerebros? ¿Es aceptable castigar a alguien por una acción que era inevitable y estaba más allá de su control?

Espacio vital

Desde luego, no podemos vivir nuestras vidas asumiendo que no tenemos libre albedrío. Para que la sociedad funcione, tenemos que aferrarnos a la creencia de que somos libres de actuar. Los tribunales de justicia asumen que las personas por lo general son libres para actuar y que son responsables de sus actos. No se detienen a pensar en las cuestiones metafísicas de si alguien es libre de tomar una decisión. Con base en la evidencia histórica, podemos observar que si las personas ven recompensas y castigos establecidos, actúan mejor. Desde luego, podrian haber estado destinados a actuar de esa manera...

Varios filósofos han intentado negociar algún espacio para maniobrar dentro del debate del libre albedrío y el determinismo. Como Dennett indica, si nos rendimos ante el determinismo caeremos en el fatalismo y la desesperación. Una postura de acuerdo, denominada Compatibilismo, intenta lograr espacio para el suficiente libre albedrío que nos permita sobrevivir. Esta se basa en que las personas actúan con libertad, pero siguen determinados motivos, así que si eres una persona generosa, eres libre de elegir a qué institución de caridad ayudarás, pero estarás ayudando a una de ellas. Como Arthur Schopenhauer afirma: "El hombre puede hacer lo que quiere, pero no puede querer lo que quiere", (1839). Otros han considerado este margen de acción como ilusorio, o peor: "Un subterfugio despreciable" (Immanuel Kant) o un "lodazal de evasión" (William James).

Demasiada libertad

> ***"El destino del hombre se encuentra dentro de sí mismo".***
> Jean-Paul Sartre, 1946.

Los filósofos existencialistas del siglo XX adoptaron un punto de vista completamente opuesto y les dieron a las personas más libertad y responsabilidad de lo que la mayoría deseaba. En las palabras de Jean Paul Sartre, estamos "condenados a ser libres".

De acuerdo con Sartre, nuestras personalidades son definidas por nuestras acciones, en lugar de que nuestras acciones sean determinadas debido a nuestras personalidades. Nos creamos a nosotros mismos, comenzando desde una pizarra en blanco. Sartre no pudo argumentar que todos tenemos las mismas decisiones, pero aquellas que tenemos son hechas libremente, incluso si son hechas bajo presión. No podemos decir "No tuve elección", porque siempre hubo una elección, incluso si una de las opciones era inaceptable para nosotros, por ejemplo, la muerte o hacer algo que nos dice un pistolero que hagamos. No se puede culpar a Dios de nada (quien no existe, aunque podemos elegir creer en él) y no se puede culpar de nada a ninguna predisposición en nuestras personalidades, ya que hemos forjado estas nosotros mismos a través de decisiones previas que hemos tomado. Evadir la responsabilidad es autoengañarse

Capítulo 6

¿Hay un fantasma en la máquina?

¿Qué parte de ti es verdaderamente "tú"? ¿Y cómo es en realidad?

"Yo estoy presente en mi cuerpo no únicamente en la forma en que un marinero está presente en su barco, sino... estoy estrechamente unido y, por así decirlo, entremezclado con él, tanto que formo una sola unidad con él".
Descartes, *Meditaciones acerca de la filosofía primera* (1641).

Las culturas de todo el mundo han supuesto que ser humano significa tener un cuerpo habitado por alguna clase de espíritu. Algunos han propuesto un espíritu con un significado religioso especial, por ejemplo un fragmento de la divinidad o de algún espíritu universal. Otros han querido significar algo cercano a una mente o conciencia, que no tiene ningún elemento sobrenatural. Entonces, el espíritu puede ser eterno o puede disiparse cuando el cuerpo muere, o incluso vagar por ahí como un fantasma. O el modelo puede estar equivocado y no existe ningún espíritu especial animando.

El alma como prisionera del cuerpo ha sido una imagen común. En este mosaico bizantino, el alma encarnada es un ave enjaulada.

Línea divisoria

Algunas religiones han promovido el dolor físico o la privación para mantener la carne en orden y darle al espíritu la mejor oportunidad de obtener sabiduría o la salvación.

Platón creía que el alma, cuando está en un cuerpo, se encuentra en un exilio temporal del reino de las formas, atrapada en un cuerpo que limita su potencial. Para los religiosos, a menudo el alma es una prisionera en el cuerpo, anhelando ir a la divinidad o a Dios, pero arrastrada por los impulsos básicos del cuerpo para satisfacer sus deseos físicos. La tensión entre los dos, con el alma siendo siempre la parte más noble, caracteriza típicamente la relación entre ellos.

Animado por el creciente interés en la mecánica y la ciencia del Siglo de las Luces, René Descartes propuso que el cuerpo es una máquina biológica compleja controlada por un espíritu. Esto fue más tarde denominado "el fantasma en la máquina". En principio esto parece bastante intuitivo: sabemos que existe una parte de nosotros que piensa, sueña, tiene esperanzas, experimenta y siente que está separada de la parte que respira o corre escaleras arriba. Esta separación de nosotros mismos en dos partes, la física o la espiritual o mental, se denomina dualismo. Sin embargo existen algunos problemas con esta separación intuitiva.

Cuerpo y mente

El cuerpo obviamente tiene un impacto en la mente o el espíritu. Si tenemos alguna molestia, hay una manifestación física en lágrimas o en un cambio en la respiración. Si estamos lesionados, sentimos dolor, el cual puede hacer a un lado todo lo demás de nuestra mente. Dividimos los movimientos físicos en acciones conscientes e inconscientes y reconocemos una diferencia entre nuestro corazón que bombea sangre y el acto elegido de abrazar a un niño. A pesar de que sabemos qué partes del cerebro y el sistema nervioso están involucradas en bombear sangre o dar un abrazo, no sabemos dónde localizar la parte que nos hace desear abrazar a un niño.

Glándula pineal

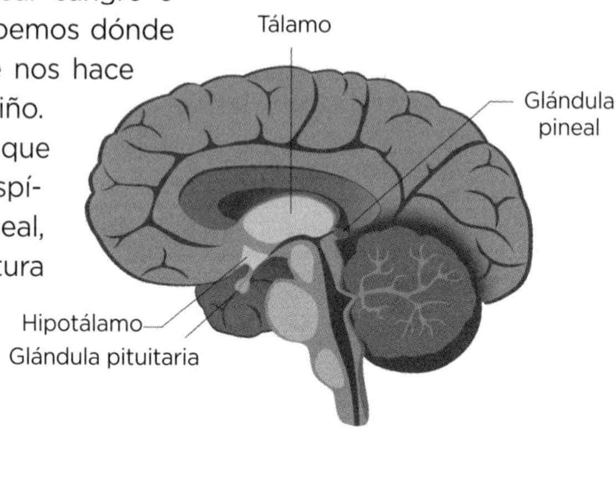

Descartes pensaba que había encontrado al espíritu en la glándula pineal, una pequeña estructura ubicada en las profundidades del cerebro. No fue el primero en hacer esto, los antiguos chinos llamaron a la glándula pineal el "Ojo Celestial" y en el Hinduismo es la ventana de Brahma. No obstante, Descartes no pudo explicar cómo el alma, completamente inmaterial, podía tener un efecto en el cuerpo o el mundo físico. Esto se mantiene como el problema con el dualismo cartesiano: ¿Cómo es posible que algo sin ninguna presencia material pueda tener un impacto físico o ser afectado por lo físico?

Sin alma

Las cosas no son necesariamente ciertas solo porque parecen sensatas o porque muchas personas creen en ellas (*ver ¿Debes Hacer Olas?*) Así que quizá no existe en realidad una división entre cuerpo y alma. El filósofo francés del siglo XX, Maurice Merleau Ponty rechazó todo lo relacionado con la división cuerpo y alma de Descartes. En lugar de ellos, vio toda la entidad humana como puramente biológica: "Yo soy mi cuerpo". Bertrand Russell negó la existencia de un espíritu o alma, diciendo que la mente consiste simplemente de una colección de sucesos mentales, como recuerdos, pensamientos y experiencias. El filósofo británico Daniel Dennett argumenta que no hay nada especial respecto a la mente, nada separado del cuerpo. En lugar de ello, considera que todos los aspectos de carácter, pensamiento, personalidad y conciencia son efectos neurológicos, totalmente determinados y creados por la bioquímica del cerebro y el cuerpo. Si no hay nada especial acerca de la mente que la vuelve diferente del cuerpo, eso sugiere que no hay nada especial en los humanos que nos distingue de otros animales. Pero Dennett (en la

foto) lleva esto más lejos y dice que no hay nada especial en lo absoluto acerca de los seres vivos, así que una computadora que parece inteligente es, según Dennett, realmente inteligente. Así que él ve un fantasma en una máquina real, pero, desde luego, no es un fantasma, es solo un artefacto.

Los cerebros están conscientes así como el agua está húmeda

El filósofo estadunidense John Searle considera la conciencia como una "propiedad emergente", algo que se desarrolla cuando hay suficientes neuronas reunidas. Una propiedad emergente es aquella que únicamente puede ser detectada cuando una gran cantidad de algo está reunido. La humedad del agua es una propiedad emergente, una molécula de agua sola no está húmeda, pero el agua en abundancia es húmeda. De manera similar, una sola neurona probablemente no está consciente, pero un grupo de ellas produce conciencia. Searle considera la conciencia un efecto completamente físico, producido por la neuroquímica del cerebro y ni remotamente mística o de "otro tipo".

¿Dónde se inicia?

Ya sea que adoptemos un punto de vista neurológico o espiritual de la conciencia y la parte pensante del ser humano, hay una interrogante acerca de dónde proviene y cuándo se inicia. Muchas religiones tienen una mitología para explicar esto, con el alma entrando al cuerpo en el nacimiento o quizá en algún momento antes del nacimiento.

Y en los seres humanos, que sabemos alcanzan un alto nivel de conciencia, ¿en qué momento del desarrollo del individuo surge? Esta es una pregunta más apremiante de lo que podría parecer a primera vista, ya que cualquier respuesta teórica debería darle forma a nuestros puntos de vista respecto a cómo es tratado un bebé nonato, incluyendo exámenes, procedimientos médicos y más obviamente, los abortos.

Tres semanas después de la fertilización del óvulo humano, el cerebro y la espina dorsal del embrión comienzan a desarrollarse. Este es el momento en el cual, si la conciencia es una propiedad emergente de la actividad neural, el nuevo ser humano podría comenzar a ser consciente. Los bebés que nacen alrededor de las 22 semanas de gestación sobreviven en ocasiones, así que eso quizá establece un límite superior en el desarrollo de la conciencia.

No es solo el desarrollo del individuo humano que plantea una pregunta capciosa. Si un espíritu o conciencia no es humano y especial, debemos preguntar cuándo en la evolución este podría surgir a la existencia. ¿Cuántas neuronas tienen que estar presentes para que la conciencia se inicie? Podríamos asumir que existen grados de conciencia. Quizá otros mamíferos pueden sentir placer o prever, pero pocas personas imaginan, por decir algo, que el impala o los cocodrilos reflexionan si hay una vida después de la muerte o desarrollan un cálculo diferencial (Desde luego, no es que tengamos alguna evidencia de que no es así; ver *¿Un perro tiene un alma?*).

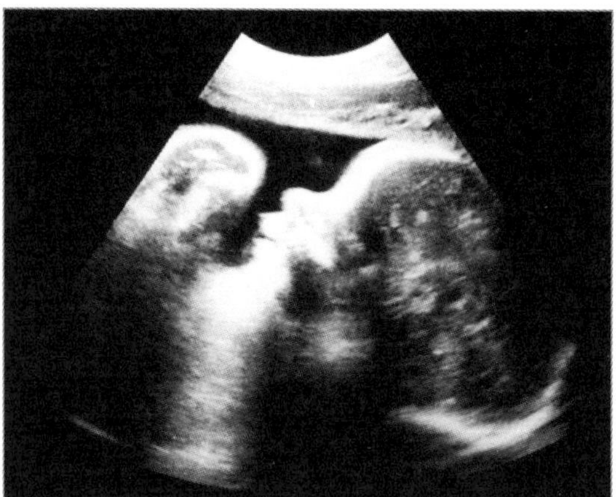

TENER UN ALMA PUEDE SALVAR TU VIDA

En muchas sociedades, la conciencia viene con derechos y responsabilidades. En el tratamiento médico, la evidencia de conciencia en un paciente es razón suficiente para mantenerlo vivo con ayuda artificial. En algunas legislaciones, las personas que cometen crímenes mientras están dormidas no son consideradas responsables por sus acciones.

También el espíritu puede estar "ausente sin tener permiso". La demencia fue sido considerada en el pasado como un desorden del alma, o la presencia de un demonio, o lo opuesto: cuando ocasiona un frenesí religioso, es considerada muy especial. Las prácticas legales en la actualidad a menudo permiten alegar una responsabilidad reducida si la enfermedad mental nubla el juicio de alguien.

Capítulo 7

¿Quién crees que eres?

¿Eres definido por tus genes o tu empleo?, ¿acaso existe algo estable llamado identidad?

“No eres el hombre/mujer con quien me casé”, ha sido desde hace mucho tiempo un preámbulo para sugerir el divorcio. “No es ni la mitad de la persona que era”, es algo que puede decirse de alguien desolado por la enfermedad o únicamente por la debilidad de la edad avanzada. ¿Somos como éramos? ¿Y de todas maneras, quiénes éramos, cuando el “éramos” ocurrió? ¿Qué es aquello que llamamos “Yo”?

Huesos y botes

El cuerpo humano está construido con células de diferentes clases. Estas no duran los 80 o 100 años que esperas que tu cuerpo continúe caminando por ahí, se gastan y son remplazadas, algunas con gran frecuencia. De hecho, pierdes millones de células cada segundo. Las células que cubren tu intestino reciben una verdadera paliza, ya que son bañadas en ácido y bombardeadas por alimento semidigerido todo el tiempo; una célula del colon únicamente dura unos cuatro días. Algunas células duran mucho más tiempo. Las células en el exterior del intestino, alejadas de todo ese ácido, pueden durar hasta 16 años. Y existen algunas células que cuando se mueren, se mueren para siempre. Las neuronas en la mayoría de las áreas del cerebro nunca se remplazan, así que no es una buena idea matarlas con borracheras. Pero estas son excepciones raras, muy, muy poco de ti es el “yo” que salió del cuerpo de tu madre.

El historiador y ensayista del siglo I, Plutarco, abordó el tema del cambio y la permanencia mediante la paradoja del barco de Teseo. Como algunas partes del barco se gastaban, eran remplazadas con

piezas nuevas idénticas. Si el mástil se rompía, se colocaba un mástil nuevo. Si las velas se rasgaban, se cosían nuevas velas y así sucesivamente. Con el tiempo, ninguna de las partes originales permanecía en el barco. ¿Era este todavía el mismo barco? Si alguien hubiese fabricado un segundo barco utilizando todas las partes de repuesto, mientras que el primer barco era nuevo y funcional, nunca consideraríamos que el segundo barco era el mismo que el primero (un barco coexistente). Dos objetos no pueden ser la misma cosa. De alguna manera, el remplazo lento de los componentes hace significativo el asunto. Si el barco reparado no es el mismo barco que el original, ¿cuándo dejó de ser el mismo barco?

> ***"(El yo es) esa cosa pensante (cualquier sustancia, no importa si es espiritual o material, simple o compleja) que es sensible o consciente del placer y el dolor, capaz de la felicidad o la miseria y, de esta manera, está preocupada por sí misma, hasta donde esa conciencia se extienda".***
> John Locke, 1689.

Mente y tiempo

Por lo general, no pensamos de nosotros mismos como un conjunto de tejidos corporales hechos de células. La gran mayoría de nosotros consideramos que nuestra identidad es algo más, algo nebuloso, quizá espiritual, relacionado con la conciencia o incluso con un alma (ver *¿Hay un fantasma en la máquina?*), algo que es el "yo".

El filósofo inglés John Locke (1632-1704) ubicó la identidad enteramente en la mente pensante que persiste a través del tiempo y es consciente de sí misma. Creía que la mente del recién nacido era una *tabula rasa*, o pizarrón en blanco, en el cual la experiencia escribe la identidad y el conocimiento conforme crecemos (ver *¿Qué es lo que sabes?*).

Esto parece tener sentido, ya que podemos concebir todavía existir como el mismo yo, incluso si tuviéramos ese

TODO CAMBIA O NO CAMBIA

Mucho tiempo antes de que Plutarco se preocupara por el barco cambiante, otro maestro de las paradojas, Zenón, afirmó que no puede haber ningún cambio en lo absoluto. Describió el vuelo de una flecha disparada desde un arco. En cada momento, la flecha ocupa un punto en el espacio y no se mueve para, o desde, ese punto. Ya que el flujo del tiempo está formado de momentos que se siguen uno después del otro y la flecha no se mueve en ninguno de esos momentos, esta nunca puede moverse (y de forma similar nada puede jamás cambiar). El filósofo alemán de la ciencia, Hans Reichenbach sugirió que la paradoja puede ocurrir únicamente si consideramos el espacio y el tiempo diferentes, pero si aplicamos la teoría de Einstein de la relatividad general, al proponer un continuo de espacio-tiempo único, la paradoja podría no resultar.

horrible accidente y de alguna manera sobreviviéramos únicamente como un cerebro (o una mente) en un cuerpo completamente artificial. Sin embargo, el filósofo Thomas Reid (1710-1796) afirmó que la idea de Locke era demasiado simplista. Si nuestra identidad está arraigada en la experiencia pasada, ¿qué ocurre cuando olvidamos esa experiencia pasada?

Así que Reid concibió el argumento del "Oficial valiente" para demostrar que tenía razón: "Supongamos que un oficial valiente recibió varios azotes cuando era niño en la escuela por robar en una huerta, en su primera campaña militar se apoderó del estandarte del enemigo y ya entrado en años fue nombrado general; supongamos también que, lo cual debe admitirse como posible, cuando capturó el estandarte, estaba consciente de haber

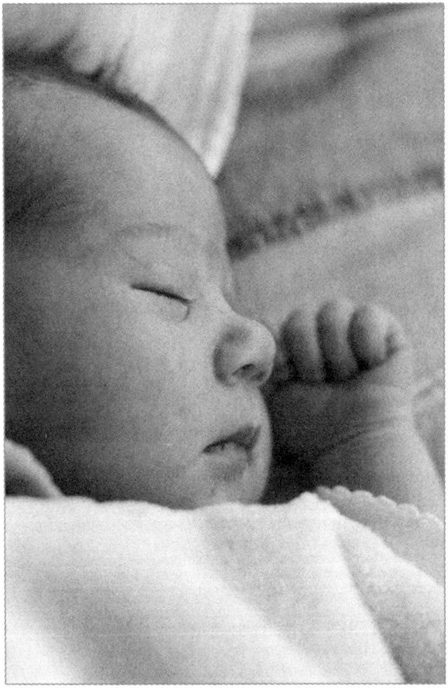

La idea de que la mente de un bebé es como un pizarrón en blanco en el cual se formarán la educación y la identidad, tiene su origen en Aristóteles.

recibido azotes en la escuela y que, cuando fue nombrado general, estaba consciente de haber tomado el estandarte, pero que había perdido por completo la conciencia de sus azotes".

De acuerdo con Locke, el general debe ser la misma persona que el oficial valiente y el oficial valiente debe ser la misma persona que el niño, ya que este último y el oficial están ligados por la continuidad de la conciencia y el oficial y el general también están ligados por la continuidad de la conciencia. Pero debido a que no existe ninguna conexión mental entre el general y el niño, ellos no son la misma persona. El argumento de Reid muestra la contradicción inherente en la definición de Locke, ya que el general es, y a la vez no es, la misma persona que el niño azotado en la escuela.

Los filósofos existencialistas del siglo XX consideraron al yo como un trabajo en progreso, constantemente definido y redefinido por nuestras acciones. Esto es un reflejo de la teoría en sicología de que la personalidad está influenciada por las experiencias pasadas, incluyendo algunas que hemos olvidado. Pero a diferencia de los sicólogos, los existencialistas no permitieron que los traumas pasados dejaran que alguien se escapara y rechazaron cualquier sugerencia de que podemos culpar a nuestra estructura genética o a nuestra crianza por lo que resultamos ser. Sartre sostenía que la mayoría de las personas entienden esto al revés: no actuamos "por causa del carácter" sino que actuamos para formar nuestro carácter. Si actúas de una manera egoísta, eres una persona egoísta, pero de igual forma puedes redefinirte al actuar mañana de una manera que no es egoísta. No hay necesidad para la continuidad de la memoria, pero el carácter es acumulativo, construido en la cadena de acciones que te trajeron al momento presente.

Librándose del yo

Hemos visto que para muchos filósofos existe una necesidad de localizar la identidad en algún sitio aparte del cuerpo. Pero para el filósofo escocés David Hume, el yo no es nada más que un montón de percepciones, no tiene unidad, ni realmente incluso ninguna existencia. Para él, todo el concepto del yo es una ficción. Incluso la palabra "montón" sugiere alguna unidad, algo reuniéndose junto. Al parecer es imposible hablar acerca de los seres humanos y erradicar el yo del lenguaje que usamos. Para Hume, el yo era una clase de conjunto de experiencias en común, pedacitos y piezas entrando y saliendo constantemente, como el barco de Teseo, pero de una forma que no es física. Daniel Dennett está de acuerdo con Hume en que el cuerpo y sus percepciones son todo lo que tenemos. Para Dennett, el yo existe en las conexiones neurales del cerebro y en nada más, es solo algo ventajoso que nos ayuda a hablar acerca de nosotros mismos.

Algunas filosofías orientales consideran al yo como una percepción errónea producida por el cuerpo y que enmascara la realidad de que somos parte de un todo mayor. La existencia del yo es, en estas tradiciones, una ilusión, y una ilusión de la que mejor debemos deshacernos tan rápido como sea posible ya que bloquea el camino a la iluminación.

El centro de gravedad de un aro hula-hula está en el aire en medio del aro. Daniel Dennett considera al yo como algo similar, ficticio e insustancial.

Capítulo 8

Lo malo ocurre, pero —¿por qué?

¿Por qué hay tantos hechos malos ocurriendo en el mundo? ¿El universo es incomprensible o solo indiferente?

Todos los días las noticias están repletas de hechos terribles. En nuestras mismas vidas, todos nos enfrentamos al infortunio y en ocasiones a acontecimientos verdaderamente terribles. Una respuesta natural a una desgracia abrumadora es preguntar: "¿Por qué a mí?" o "¿Por qué tenía que pasar esto?". Esto puede ser el principio. La pregunta final sería: "¿Por qué pasa todo?", pero las personas rara vez hacen una pausa para preguntarse por qué ocurren sucesos buenos.

En los círculos filosóficos, la pregunta "¿por qué ocurren sucesos malos?" es parte de "el problema del mal", uno de los argumentos más convincentes en contra de la existencia de Dios. Los fundamentos fueron establecidos por Epicuro en el siglo III a. C., quien preguntó: "¿Está Dios dispuesto a evitar el mal, pero no es capaz? Entonces no es omnipotente. ¿Es capaz, pero no está dispuesto? Entonces es malévolo. ¿Tanto es capaz como está dispuesto? ¿Entonces cómo puede existir la maldad?".

¿Por qué? versus ¿por qué no?

Existen, hablando en términos generales, dos respuestas posibles a la pregunta de por qué ocurren sucesos malos:

- Debido a un propósito más grande o
- Por ninguna razón

La primera necesita algo o alguien "allá afuera" estableciendo el propósito. No es muy original, pero llamemos a ese algo con un propósito, Dios, un ser supremo con inmensas cantidades de poder.

La segunda es más difícil de aceptar. Si la vida va bien o eres bueno para cerrar tus ojos ante los terrores del mundo, podrías irla pasando.

Pero de otra forma podrías caer en la espiral de la desesperanza, sintiéndote incapaz y aterrado.

El propósito más grande

Algo fundamental de muchas religiones es la creencia de que una deidad controladora tiene un Gran Plan que, si solo pudiésemos echarle una mirada, explicaría todo lo que ocurre. Las religiones tienden a sugerir un dios que es bondadoso, no habría mucho consuelo o utilidad en un dios maligno. ¿Entonces por qué un Dios bondadoso permite que ocurran acontecimientos malos?

Si Dios está preocupado por los individuos y es benevolente, entonces esto sugiere que hay un aspecto positivo escondido incluso dentro de la situación más sombría o que los acontecimientos que consideramos como malos en realidad quizá no sean malos, solo parecen serlo porque no estamos viendo la escena mayor que vuelve todo claro. O quizá Dios utiliza la adversidad para probarnos o brindarnos una oportunidad para crecer espiritualmente. (Podrías considerar esto como un tipo de aspecto positivo.)

La versión del ministerio de la verdad: lo malo es bueno

En la novela de George Orwell, *1984* (publicada en 1949), el estado totalitario tiene un Ministerio de la Verdad que define lo que es "verdad" y lo que no. "El mal es bueno", podría ser uno de sus lemas. San Agustín argumentaba que Dios obtiene bien del mal:

"Ya que Dios es el máximo bien, Él no permitiría que existiera ninguna maldad en sus obras, a menos que su omnipotencia y bondad fuese tal como para obtener bien incluso del mal".

Este no es un argumento filosófico sólido ya que comienza asumiendo que Dios "no permitiría que existiera ninguna maldad" y luego utiliza esto como justificación para decir que por lo tanto la maldad no es realmente maldad. Esto también parece un poco inve-

rosímil. Si pudiésemos ver los sucesos desde el punto de vista de Dios sería evidente para nosotros que los acontecimientos malos no son realmente malos sino parte de un bien mayor. Infortunadamente, no podemos ver todo desde el punto de vista de Dios, así que tenemos que confiar en ello, lo cual podría ser difícil de hacer.

En ocasiones, algunos amigos bien intencionados expresarán comentarios como "no se nos manda más de lo que podemos soportar" como respuesta al escuchar sobre las desgracias de alguien. (Esto es evidentemente tan falso que es sorprendente que alguien lo puede decir alguna vez. ¿Estas personas han visto las cifras de suicidios?) Esto está basado en la idea de que alguien o algo está llevando a cabo pruebas y juicios, quizá para volvernos más fuertes.

El clérigo y teórico político británico, Thomas Malthus (1766-1834) creía que el mal existía como un acicate para la acción, impulsándonos a encontrar formas de evitarlo o corregirlo: "El mal existe en el mundo no para crear desesperación, sino actividad".

Dios no está mirando

Desde luego, podría existir un dios con un gran plan, pero que no está interesado en los individuos humanos. El gran plan podría implicar, por ejemplo, crear una raza de seres, los cuales luego serían utilizados para propósitos experimentales. Tal y como los biólogos crían cepas de moscas de la fruta para experimentar en la genética, nosotros podríamos ser parte de algún experimento científico cósmico. En este caso, no hay ningún propósito particular para el sufrimiento de los individuos o los grupos, es solamente algo que surge o es infligido en el transcurso del experimento. Gran parte del sufrimiento humano es (colectivamente) nuestra culpa y podría evitarse si dedicáramos nuestra inteligencia a ello, así que eso sería posible de hacer dentro del experimento.

De manera alternativa, un dios podría no desear intervenir en los asuntos humanos o podría no ser capaz de ello. Es posible que Dios puso el universo a trabajar y que ahora este trabaja por sí solo. Esta visión de Dios como algo parecido a un fabricante de relojes fue propuesta por Isaac Newton y otros. Si el mundo funciona de forma automática siguiendo sus leyes, los sucesos malos ocurren porque son las consecuencias de otros sucesos que han ocurrido o por un error de diseño. No hay un propósito determinado y específico para ello. La situación es en gran parte la misma que si no hubiese ningún dios, ya que un dios que no puede controlar todo no es una respuesta a la pregunta de por qué ocurren los acontecimientos.

"Así como las moscas son para los niños traviesos, así somos para los dioses. Nos matan por deporte".
William Shakespeare, *El Rey Lear*, Acto IV, escena 1.

Otra posibilidad, sugerida por algunas personas que han quedado desilusionadas por los sucesos, pero todavía se aferran a la idea de un dios, es que Dios es, una de dos, indiferente a los destinos de los seres humanos o activamente malévolo. En realidad no hay ninguna buena razón de por qué esto no pueda ser cierto, existe una buena posibilidad de un dios malévolo asi como de uno benévolo, a pesar de que nos incomoda contemplar la posibilidad.

Es posible que ocurran pocos sucesos malos

En el año de 1710, Gottfried Leibniz propuso un punto de vista conocido como Optimismo. El Optimismo en términos filosóficos no significa creer que todos los vasos medio vacíos están medio llenos, sino significa Optimalismo, es decir, que todo es tan bueno como puede ser. Dios creó el mundo óptimo, el mejor mundo de todos los muchos mundos posibles que pudo haber creado. Es como si Dios tuviese sus manos atadas. En realidad le gustaría crear un mundo sin maldad, sin hambre, sin mosquitos transmisores de malaria, en el cual los alimentos no se descompusieran si los dejas demasiado tiempo a la intemperie, pero por alguna razón u otra no puede. Así que tenemos este mundo. Pero podemos estar tranquilos y seguros que no podría ser mejor de lo que es.

Este punto de vista fue recibido con la respuesta que podrías esperar y fue satanizado rotundamente por Voltaire en su novela *Cándido*. Es sencillo ver cómo pequeñas acciones malvadas o inconvenientes podrían ser la mejor alternativa de un mal conjunto de situaciones. Pero es difí-

SOPORTANDO EL MEJOR DE TODOS LOS MUNDOS POSIBLES

En la historia de Voltaire, al joven Cándido le enseña su tutor Pangloss porqué todo es para mejor, en el mejor de todos los mundos posibles. Cándido sufre increíbles adversidades y crueldades, pero siempre adopta el punto de vista de que habita el mejor de todos los mundos posibles, así que no tiene ningún sentido enfrentar su infortunio. Las situaciones siempre podrían ser peores si se llevan a los extremos y esto se vuelve una justificación para la apatía. Al final, Cándido es un hombre en bancarrota con una vida destruida. Es una lección astuta acerca de cómo el tener la filosofía equivocada puede arruinar tu vida. Voltaire la escribió como una respuesta satírica a la teodicea de Leibniz.

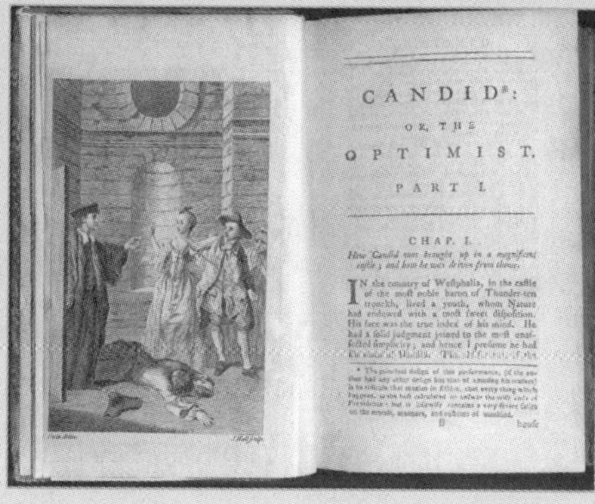

cil ver cuáles podrían haber sido las peores alternativas para el Holocausto o la Muerte Negra.

Toda la culpa es tuya

Algunas religiones orientales proponen que todos renacemos una y otra vez, con almas que se esmeran en obtener la iluminación (ver *¿Un Perro tiene un Alma?)* Algunos de los sucesos que te ocurren en

esta vida son la consecuencia de tu comportamiento en encarnaciones previas. Eso no parece muy justo, ya que no puedes recordar las encarnaciones previas y el castigo ahora está completamente desasociado del crimen, lo cual significa que es totalmente imposible verificar si tu situación actual realmente está relacionada con los actos cometidos (o más bien, qué fue lo que hizo la persona en la que estaba tu alma, ya que ella no era realmente "tú" en el sentido normal de la palabra). La falta de transparencia y la imposibilidad de supervisar tal sistema no lo hace recomendable.

No hay ninguna razón

Demócrito, quien escribió en los siglos IV y V a. C., dijo que todo lo que ocurre es ocasionado por el comportamiento de los átomos. También los físicos cuánticos afirman que debido a que todo en el universo sigue las leyes de la física y estas han sido y siempre serán las mismas, todo debe ser predecible si únicamente tenemos el conocimiento para predecirlo. Entonces, los acontecimientos buenos y malos que ocurren son inevitables (ver *Té o Café*). La inevitabilidad de lo físico no es un propósito, pero sí una explicación del motivo por el cual ocurren los hechos.

Si nada es inevitable y no existe ninguna deidad controladora y además no estás expiando las acciones que hiciste en una encarnación previa, te quedas con la conclusión perturbadora que los acontecimientos ocurren solo porque ocurren. No hay ningún destino controlador, ninguna justicia mundial, al mundo no le importa lo que te ocurra, la vida no es justa, o algo así.

Capítulo 9

"Lo que se da se recibe". ¿Pero esto es cierto?

¿Hacer acciones buenas realmente beneficia a aquellos que hacen el bien?

Es un pensamiento consolador, cuando alguien es cruel contigo, que "lo que se da se recibe", es decir, que le ocurrirán malas acciones a aquellos que te han faltado al respeto o te han despreciado. ¿Pero hay algo de cierto respecto a esto?

El concepto de karma

Haz buenas acciones y obtén buen karma; haz el mal y obtén mal karma. Se oye justo.

El karma tiene su origen en el Hinduismo y las creencias previas a este. Su significado literal es "acto" o "acción" pero se relaciona con un sistema de acciones y consecuencias. El principio general del karma es que si realizamos buenas acciones disfrutaremos de buena suerte y si realizamos malas acciones sufriremos. Esta es una doctrina poco clara de causa y efecto, que en lugar de relacionar una acción directamente con sus efectos tiene a la bondad y la maldad en términos generales extendida a través del tiempo. El Cristianismo tiene una idea similar en "lo que sembramos es lo que cosecharemos" (Gálatas 6:7).

En concordancia con las creencias hindúes sobre la reencarnación, el karma se extiende hacia el pasado también a las encarnaciones previas, incluyendo todas tus acciones como un humano en tu encarnación actual. La idea es que si has sido en general bastante bueno como vives ahora, y quizá previamente como un caracol, panda, medusa o lo que sea, cosecharás las recompensas teniendo una vida bastante buena. La escapatoria útil aquí es que si has sido realmente bueno como ser humano en el aquí y ahora, pero estás sufriendo de una racha terrible de mala suerte, todo ello se puede deber a tu terrible comportamiento como humano anterior o como caracol, panda, medusa, etc. Existen diferentes versiones de karma. Algunas religiones, incluyendo el Hinduismo, tienen una deidad repartiendo el karma y otras lo convierten en una doctrina secular de causa y efecto.

El karma malo es como una sustancia negra que se acumula en otras dimensiones conforme vivimos vidas repetidas. Únicamente si trabajamos para quemar nuestro karma malo podremos volvernos iluminados. Ya que estar enfermos gasta el karma malo, algunos creyentes no toman medicinas. En el Jainismo, el karma malo puede ser producido simplemente por pensar pensamientos malvados, no tienen ni siquiera que ser llevados a la práctica.

No hagan olas

El filósofo alemán del siglo XIX, Friedrich Nietzsche, habría considerado que una creencia del karma era una "religión esclava" ya que mantiene a las personas subyugadas: si actúan bien, pueden esperar una recompensa posterior; si les ocurren acontecimientos malos, ellos se los provocaron en una vida anterior. No hay ningún incentivo para esmerarse para ser tratado de una manera mejor (incluso el maltrato es enviado por Dios ya que ayuda a deshacer el karma malo) y cada incentivo es para ser obediente, cumplido y bueno.

Algunas otras religiones adoptan el punto de vista de que el sufrimiento en el presente será recompensado mediante la felicidad después de la muerte y que aquellos que ahora disfrutan los placeres mundanos pagarán caro por ellos en la vida después de la muerte. Es un sistema similar *quid pro quo* (latín, "algo sustituido por algo"), pero con rencarnación, las consecuencias están sustancialmente separadas de la acción y no son verificables.

Para nosotros es difícil imaginar qué acciones malvadas podría realizar otra criatura que condujeran, mediante el karma malo, al sufrimiento en una vida posterior.

Vuelta rápida

En la sabiduría popular, el concepto de "lo que se da se recibe" ha llegado a tener un significado más concentrado y más reducido: si nos comportamos bien con otros, a cambio seremos tratados bien, y si nos comportamos mal con otros, sufriremos tarde o temprano. Esto puede ser un pensamiento consolador y no hay duda de que existe algo de verdad en ello. Aquellos que continuamente maltratan a otros son más propensos a recibir a su vez un trato desagradable porque somos más amables con aquellos que son amables con nosotros. Pero esto, no es universalmente cierto y no es necesariamente una regla. Todos conocemos personas que se han comportado de manera negativa con una serie de socios y todavía se las arreglan para conseguirse otro y los abusivos en los trabajos que de alguna manera se las arreglan para progresar e incluso tienen amigos.

Nos aferramos a la idea de la justicia aun cuando no la encontremos manifestada en el mundo. Cuando sufrimos, la "justicia" parece consistir, ya sea de que otros también sufren o de disfrutar de una mejor suerte en fecha posterior, así que intentamos racionalizar esos deseos.

La rueda de la fortuna

El filósofo romano del siglo V, Boecio, describió la naturaleza azarosa de los acontecimientos en su obra *La consolación de filosofía*, al poner la figura alegórica de la Fortuna (siempre una mujer) a cargo de darle vueltas a una rueda gigantesca, como la rueda de la fortuna de la ferias, a la cual estaban atados los seres humanos. En ocasiones,

> ***"La Fortuna es más amigable y seductora para aquellos a quien ella se esmera por engañar, hasta que los abruma con un sufrimiento insoportable, abandonándolos cuando menos se lo esperan... ¿Intentas contener la fuerza de su rueda giratoria? ¡Ah!, torpe mortal, si la Fortuna comienza a permanecer quieta, ya no es la Fortuna".***
> Boecio, 524 d. C.

las personas se encontraban en la cima (disfrutando de la buena fortuna), pero inevitablemente caerían en el infortunio, "lo que sube debe caer".

Boecio escribió su libro mientras se encontraba en prisión y explicó cómo recurrió a la filosofía con la esperanza de encontrarle sentido o consuelo a su miseria. El capricho de la Fortuna se convirtió en un tema popular en la Edad Media, aunque se encontró por primera vez en Roma, en el siglo II a. C.

La Rueda de la Fortuna no recompensa o castiga a las personas de acuerdo con sus deslices o su conducta previa. En lugar de ello, la fortuna es caprichosa al elevar y luego destruir a las personas, excepto que el patrón de una rueda giratoria significa que aquellos que

> ***"Los filósofos dicen que la Fortuna es demente, ciega y estúpida y enseñan que se para encima de una roca esférica que rueda... afirman que donde el azar empuja la roca la Fortuna cae en esa dirección. Repiten que es ciega y por esta razón no ve adónde se dirige; dicen que está demente porque es cruel, excéntrica e inestable; estúpida porque no puede distinguir entre lo valioso y lo carente de valor".***
> Pacuvio, 230-130 a. C.

están en la cima siempre caerán y los que están en el fondo siempre subirán. Al parecer la simple observación demuestra que esto es un error. ¿Qué hay de la persona que parece tener buena fortuna durante toda su vida? Únicamente podemos juzgar cuando su vida ha terminado y ya que ha fallecido entonces ha sufrido el infortunio máximo, así que eso respalda el patrón. ¿Y si un miserable desdichado nunca logra la buena fortuna? Es evidente que la habría logrado si hubiese vivido más tiempo, pero acabó en un momento en que estaba en el fondo. Probablemente será recompensado con el cielo. La fortuna puede girar la rueda tan rápido o tan lento como le agrade.

¿Quién hace girar la rueda?

Cualquiera que crea en un dios intervencionista tiene a alguien que pudiese estar repartiendo las recompensas y los castigos requeridos por un punto de vista kármico. Pero sin un dios que tenga interés, somos regresados ya sea a un mecanismo normal de causa y efecto para castigar a aquellos que se comportan mal y recompensar a aquellos que actúan bien, o a alguna clase de acto de equilibrio espiritual concordante con los lineamientos del karma hindú original. Esto no toma muy en cuenta a los humanos y sus asuntos, pero es quizá el mejor pensamiento al respecto en términos de algo como el ciclo del agua, perpetuo, natural y desinteresado en su impacto en los individuos.

ES ABSURDO

El concepto filosófico del Absurdismo se relaciona con la búsqueda humana de significado frente a un universo, en última instancia, sin sentido. Se desarrolló de los trabajos del filósofo suizo Soren Kierkegaard y el existencialista francés Albert Camus (en la foto). Adopta una postura completamente contraria a la del karma o la Rueda de la Fortuna, al no permitir ningún patrón en absoluto en lo que nos ocurre más allá de la causa y efecto físico. Así que si eres generoso con las personas ancianas y eres amable con tus vecinos, es tan posible que adquieras un cáncer o que caigas de un acantilado como si hubieras robado a los ancianos y pasado tus fines de semana robando en las tiendas. ¿Entonces, por qué ser bueno? Quizá debido a que te hace feliz.

O podemos adoptar el punto de vista de que no existe ningún patrón. Fuera del ámbito limitado de las interacciones humanas, existe muy poco en términos de causa y efecto. Desde luego, existen las acciones imprudentes y las cautelosas, que pueden afectar nuestras probabilidades de tener resultados buenos o malos, pero nadie puede garantizar cuál será su suerte. Puedes padecer cáncer, sufrir un accidente o perder a un ser amado en cualquier momento y sin ninguna culpa de tu parte. Puedes sufrir todos estos tres acontecimientos en un año, o nunca. Asimismo, podrías enamorarte, ganar la lotería y ser nominado para el premio Nobel, todo en el mismo año.

Capítulo 10

¿Te haría feliz un nuevo iPhone?

¿Puede encontrarse la felicidad en la posesión de objetos? ¿Cómo puedes ser feliz?

¿Qué te hace feliz? ¿Estar tendido en la playa bebiendo un coctel? ¿Tocar música? ¿O ayudar a otras personas? La búsqueda de la felicidad es una meta humana perenne. ¿Pero qué es lo que nos hará felices y cómo podemos obtenerlo?

Antes de que continuemos, necesitamos dejar claro lo que queremos decir con felicidad. En filosofía, existen dos conceptos extensos: la felicidad puede significar bienestar, una vida bien vivida (desde el punto de vista del que la vive) o puede ser un estado mental. Estos

PREGÚNTATE A TI MISMO

- Abigail trabaja en una institución caritativa para casos de desastres. Pasa sus días ayudando a reconstruir las vidas de personas que lo han perdido todo. Vive en condiciones de pobreza y a menudo se va a dormir exhausta e impresionada por lo que ha visto. Pero su labor salva vidas. Ella considera que vive bien y no cambiaría lo que hace.
- A Francine le agrada mirar en la televisión programas de casos de la vida real. Se acuesta en el sofá, mira la televisión y come donas, las cuales son su alimento favorito. Ella tiene suficiente dinero para hacer esto tan a menudo como desee. Nunca tiene hambre, nunca tiene que trabajar, nunca piensa en las calamidades que otras personas sufren y se va a dormir contenta todas las noches. De las dos, ¿quién es feliz? y ¿quién tiene una buena vida?

no son siempre coincidentes, ya que vivir una buena vida podría no hacerte sentir contento.

Razones para estar contento...

Cuando las personas preguntan cómo pueden ser felices, por lo común no se refieren a disfrutar un rápido estallido de alegría, sino cómo pueden vivir una vida que es satisfactoria y/o se ajusta a su idea de vivir bien. Esto es muy subjetivo, ya que todos tenemos ideas diferentes de lo que esto podría ser. Una vida que está llena de placeres no es necesariamente lo mismo que una vida bien vivida.

En el campo de la filosofía, existen al menos tres caminos para ser felices: el camino hedonista, que implica tener numerosas experiencias placenteras; el camino de la satisfacción en la vida, que implica estar satisfecho con la forma en que nuestra vida transcurre; el camino del estado emocional, que implica sentir seguridad o que estás mejorando emocionalmente.

Vino, mujeres y música. Drogas, alcohol y rock 'n' roll

El punto de vista hedonista encuentra la felicidad en las experiencias placenteras. Tiene una larga historia. Lo encontramos por primera vez en las enseñanzas de Arístipo de Cirene (c. 435-c. 35 a. C.) y su nieto, quien también se llamaba Arístipo. Los cirenaicos consideraban al placer como el único bien. Su lema pudo haber sido, "corta el heno mientras brilla el sol", aunque probablemente encontraron algo más divertido qué hacer que cortar heno. El punto de vista cirenaico fue ser indulgente con cualquier placer disponible, cada vez que fuese posible. No obstante, proporcionaron algunas medidas de juicio: algunos placeres conducen casi irremediablemente al dolor y el dolor debe evitarse. Incluso un cirenaico no habría saltado de un edificio alto por el fugaz placer de volar. Sin embargo, en conjunto, ellos valoraban los placeres físicos por encima de los placeres mentales o espirituales, así que si querías pasar una buena noche de diversión en una ciudad de la antigua Grecia, Arístipo era el hombre indicado.

> ***"La búsqueda del placer es una vida apropiada solo para las bestias".***
> Aristóteles.

Cien años después, Epicuro (341-270 a. C.) adoptó un punto de vista más mesurado. Es su nombre el que ha llegado hasta nosotros en el adjetivo "epicúreo", para denotar alguien que disfruta las buenas cenas y la buena vida. Epicuro promovió las virtudes de la buena comida, el buen vino, la buena música y otros placeres sensuales como la fuente de la felicidad, pero no sin discernimiento o hasta el punto del hedonismo total. Un epicúreo tiene gusto y refinamiento, a diferencia de un cirenaico, quien se emborracharía con vodka, se daría un atracón con carne y buscaría tener sexo fácil. Epicuro no sería demasiado indulgente. Encontraría placer en la moderación. De hecho, sus gustos personales eran bastante modestos: bebía agua, comía principalmente vegetales cultivados en casa y vivía en una especie de comuna con sus amigos. Esto les permitía a todos una gran cantidad de conversación inteligente y amistosa y los exentaba de tener que hacer labores poco placenteras para gente que no les agradaba en Atenas, en realidad algo parecido a un paraíso hippie.

Epicuro pensaba con seriedad acerca de la felicidad. Consideraba los "bienes" básicos necesarios para la felicidad, una vez que las necesidades básicas de alimentos, alojamiento y salud se habían satisfecho, estaban la amistad, la libertad y el pensamiento (conversación y estimulación intelectual). Consideraba natural pero innecesario desear comida muy elaborada, una casa muy bonita y los lujos de la riqueza. Consideraba como antinatural desear el poder y la fama. Así que ganar en el programa de televisión *El Factor X* realmente no lo habría hecho feliz.

ACERCA DE ESE IPHONE

Epicuro estableció una prueba para los objetos que creemos que deseamos. ¿Cómo sería mejor tu vida si tuvieses el objeto? ¿Cómo sería peor tu vida si no tuvieses el objeto? ¿Deseas un iPhone para poder comunicarte con tus amigos y usar sus funciones? ¿O lo deseas debido a que se supone que todos desean uno y te verás interesante si lo tienes? Ese no es un fenómeno nuevo. Lucrecio, quien escribió en el siglo I a. C., se quejaba de que lo que deseaban las personas estaba dictado por la opinión popular, en lugar de su juicio personal. Y ni siquiera tenía un iPhone.

¿No puedes obtener satisfacción?

Otra manera de considerar la felicidad es la satisfacción de los deseos. Eso no es lo mismo que tener experiencias placenteras, aunque puede estar incluido. Si te encuentras constantemente frustrado debido a que no puedes encontrar un empleo que te agrada o no tienes la relación amorosa que deseas, es improbable que seas feliz. Podrías tener periodos breves de felicidad producidos por las experiencias hedonistas, pero tu insatisfacción en general significará que por lo común no te consideras feliz. No todos deseamos lo mismo, así que una persona podría estar satisfecha con una vida que otra odiaría. Para saber si te encuentras satisfecho, tienes que saber qué es lo que deseas.

La lista de deseos de la felicidad

Existe otro modelo de felicidad que los filósofos denominan el modelo de la "lista objetiva". Esta es menos personal, ya que establece las cosas que los filósofos creen son necesarias para el bienestar o una buena vida, en todas las personas. La lista de Epicuro de amigos, libertad y pensamiento es un ejemplo. Epicuro supuso que esto le daría una buena vida a cualquiera. Aristóteles creía que todas las cosas ansían cumplir con su función, o llevar a cabo lo que están mejor preparados para hacer. Podemos ver esto como darnos cuenta de nuestro potencial personal. Para él, en lo que los humanos eran buenos, es decir, su función, era el pensamiento racional, así que las personas eran más felices ("vivir bien") si vivían una vida virtuosa de razón.

Consideró que las personas que piensan que disfrutan aquello que es malo para ellas, como beber en exceso, ser ociosas y demás, no son verdaderamente felices. Hay una segunda opción para las personas que no valoran mucho el pensamiento racional y esa es una vida de virtud moral. Aristóteles consideró que la felicidad es lo único que deseamos por sí misma. Podríamos desear otros beneficios, como riqueza, amistad y salud, pero las deseamos porque creemos que ellas no harán felices.

Felicidad de aquí en adelante

Para el religioso, siempre existe la promesa de una dicha eterna posterior, incluso si la vida no es muy buena en la actualidad. Esto puede ser un consuelo en tiempos difíciles, pero eso no es exactamente lo mismo que la felicidad. De acuerdo con Santo Tomás de Aquino, en la Tierra solo es posible la felicidad imperfecta, pero la mejor forma de esta proviene de la vida contemplativa, de la reflexión espiritual y la adoración a Dios. No todos podemos hacer eso, al menos no todo el tiempo, así que hay una opción ligeramente menos positiva, la cual consiste en vivir una vida activa pero buena, una vida de virtud que sea de utilidad para otros y agradable a Dios.

¿EL DINERO TE HACE FELIZ?

Es fácil pensar que puedes ser más feliz con más dinero, ya que podrías comprar los objetos que deseas, hacer lo que te gusta, trabajar menos y también preocuparte menos. Sin embargo, varios estudios han demostrado que esto no es tan sencillo. Hasta cierto punto, incrementar el ingreso se corresponde con incrementar la felicidad alegada, pero después de ese punto ya no existe un cambio. El punto no es especialmente elevado, un estudio lo ubica en 73 000 dólares al año; otro en 161 000 dólares al año. Esto es suficiente para satisfacer las necesidades básicas y eliminar la ansiedad, pero tener dinero suficiente para comprar yates y aviones privados no ocasiona un gran cambio. Por otro lado, tener más dinero que otras personas nos hace más felices. Además, soñar con ganar la lotería no es la forma de lograrlo: las personas que repentinamente se vuelven más ricas se sienten felices a corto plazo, pero pronto regresan a su nivel previo de felicidad alegada.

¿Tan desapegado que te estás muriendo?

¿Evitar la infelicidad es lo mismo que ser feliz? En épocas y lugares cuando la vida es muy difícil esto podría parecer la mejor esperanza. Algunas religiones y filosofías orientales promueven un desapego que nos anima a dar un paso atrás, observar y reconocer lo qué está ocurriendo y cómo nos sentimos al respecto, y no permitir ser controlados por los acontecimientos y los sentimientos. Los estoicos de la Antigua Grecia adoptaron el mismo punto de vista, no podemos impedir el sentir dolor o desilusión, pero podemos limitar su impacto en nuestro equilibrio. En palabras modernas, esto es similar a adquirir conciencia. Pero si ayuda a reducir el impacto de los acontecimientos y sentimientos negativos, también debe reducir el impacto de los efectos y sentimientos positivos. Quizá si optas por el método de adquirir mayor conciencia dependerá si esperas buenas o malas situaciones en tu camino.

> ***"(La virtud es) una voluntad firme y constante de causar todo aquello que juzguemos es lo mejor y emplear toda la fuerza de nuestro intelecto en juzgar correctamente... (este es) el único bien, entre aquellos que podamos poseer, que depende totalmente de tu libre albedrío. (La felicidad es) la alegría mental perfecta y la satisfacción interior... que se adquiere por el sabio sin el favor de la fortuna... No podemos nunca practicar ninguna virtud —es decir, hacer lo que nuestra razón nos dicta que debemos hacer— sin recibir satisfacción y placer por hacerlo".***
> Descartes, 1645.

La virtud te hace feliz

Hemos visto que Aristóteles consideró que vivir de una manera virtuosa era el camino a la felicidad, lo que podía hacerse con un poco de desorden, ya que "virtud" es un término vago.

Aristóteles vio que todos los tipos de comportamiento se clasificaban en un espectro, con el vicio ubicado en los extremos de cada lado del espectro y la virtud ubicada en medio, en el punto de la moderación. Por ejemplo, la valentía es la virtud que se encuentra entre la cobardía y la imprudencia. La generosidad es el punto privilegiado entre la tacañería y el despilfarro. Este es un punto de vista que muchos filósofos han compartido. "Nada con exceso. Todo con moderación", podríamos decir.

La teoría dice que si vivimos de manera virtuosa, estaremos protegidos en algún grado de las vicisitudes de la suerte. No se trata de que estas no nos toquen, sino que nuestra fuente de seguridad y alegría se encuentra en otro sitio, dentro de nosotros mismos, así que está protegida de los peores efectos de la suerte. Arthur Schopenhauer, quizá el más miserable de los miserables filósofos

Los niños, por lo general, son mucho mejores para vivir el momento presente y experimentar alegría que los adultos.

alemanes, dudaba que la felicidad humana fuese posible, pero decía que si lo era, entonces sería el objetivo de la vida. Consideraba que había tres aspectos que contribuían a la felicidad humana y lograban el "objetivo" de la vida: lo que eres, lo que tienes y lo que otros piensan de ti. El primero es el más importante, pero los otros dos son los que más les preocupan a las personas. Estas se dan cuenta demasiado tarde que lo que tienes y lo que otros piensan de ti no era el objetivo más importante después de todo.

¿Un vaso medio lleno o medio vacío?

La definición común de un optimista es alguien que considera un vaso medio lleno con algo, un pesimista considera el mismo vaso medio vacío. Este enfoque básico puede establecer una gran diferencia en tu nivel de felicidad, pero también en la forma como experimentas la vida. Un pesimista a menudo es cauteloso, espera que las cosas no resulten y así evitar el riesgo. Un optimista, quien acepta los riesgos esperando un buen resultado, es más probable que se enfrente a las subidas y bajadas del éxito y la desilusión. Algunas personas son más felices con una vida tranquila, mientras que otras sienten que su vida debe estar llena de experiencias, así que cualquiera de las dos formas puede llevar a la felicidad.

Los pesimistas se protegen de la desilusión, pero se pierden los placeres por anticipado.

Capítulo 11

¿Te gustaría vivir por siempre?

¿Pasamos toda nuestra vida buscando evitar la muerte, pero la vida sin un final podría ser una expectativa peor?

La mayoría de las culturas tienen historias de humanos "eternos", quienes pueden vivir por siempre. Los vampiros son un buen ejemplo. ¿Pero en realidad sería bueno vivir para siempre? ¿Qué ganamos al morir?

¿Qué de bueno tiene la muerte?

La mayoría de los consejeros espirituales y religiosos recomiendan la aceptación tranquila o la resignación ante la muerte, así como la preparación espiritual para una "buena muerte". ¿Por qué? Ciertamente, algunas personas ancianas están preparadas para la muerte. Muchas otras, en especial muchos jóvenes que enfrentan la muerte, no lo están, y la "rabia contra la agonía de la luz", como dijo el poeta Dylan Thomas, es la reacción natural. Sentimos rabia en contra de la muerte porque pensamos que todavía tenemos mucho por hacer, personas que amar, palabras que decir. Porque no deseamos que se nos agote el tiempo.

"Esta es, si gustas, nuestra maldición. Es el precio que pagamos por ser tan malditamente inteligentes. Tenemos que vivir sabiendo que la peor situación que posiblemente puede pasar, un día pasará seguramente... Cada uno vive en la sombra de un apocalipsis personal. (Escapar de la muerte) es el fundamento del logro humano, es la fuente inagotable de la religión, la musa de la filosofía, el arquitecto de nuestras ciudades y el impulso detrás de las artes".
Stephen Cave, filósofo británico, 2012.

El filósofo alemán Martin Heidegger escribió en 1927, acerca del conocimiento de la mortalidad que pesa sobre la conciencia humana. Escribió acerca de "*Dasein*", que literalmente significa "estar ahí", como el estado del individuo en el mundo. Estamos, dijo, definidos y limitados por nuestro contexto en tiempo y espacio. Un aspecto de ese contexto es que vivimos por un periodo limitado. Saber que nuestro tiempo aquí es limitado ocasiona ansiedad (*angustia*) o temor. Heidegger no creía en un dios, pero incluso si hubiese creído, Dios sería irrelevante en este esquema, pues todavía tenemos que decidir cómo pasar nuestro tiempo vivos y tomar la decisión con sabiduría ya que no hay una segunda oportu-

"Pero a mis espaldas siempre escucho la carroza alada del tiempo que se acerca presurosa, y allá ante nosotros yacen desiertos de vasta eternidad".
Andrew Marvell (1621-1678)
"A su tímida amada".

nidad. La muerte concentra la mente de maravilla.

> ***"Mañana", dijo Sapo. "Voy a hacerlo todo mañana."***
> Arnold Lobel,
> *Días con Sapo y Sepo*, 1979.

La conciencia de nuestra mortalidad nos obliga (o debería) a decidir lo que es importante y a concentrarnos en ello. Heidegger distinguía entre formas de vivir auténticas y falsas; la auténtica es una vida vivida de acuerdo con nuestros propios valores y decisiones. Podemos solamente ser empujados por las circunstancias y esa sería una vida falsa; aun cuando podríamos haber escogido el camino de la menor resistencia, eso también es una clase de autenticidad en una forma torcida. Si, como el vampiro, todos tuviésemos una eternidad para cumplir nuestras ambiciones, estas no serían realmente ambiciones. Nada sería significativo ya que no sería seleccionado sobre nada más, habría tiempo para todo. Es el conocimiento seguro de la muerte lo que le proporciona significado a la vida.

"¡Un momento más, señor verdugo, se lo suplico!", las últimas palabras desesperadas de Madame du Barry, ejecutada durante la Revolución Francesa, en 1793.

El mensaje que no queremos escuchar

Durante miles de años, los magos y los científicos han buscado un elixir de la vida, una poción mágica que restaure la juventud y nos permita vivir por siempre. En la actualidad, tenemos una versión insulsa en las cremas, píldoras y suplementos que prometen detener el reloj y mantenernos sintiéndonos y pareciendo jóvenes. Para aquellos con más dinero que sentido común, la criogénica ofrece una forma, presuntamente, de preservarnos para una futura resucitación. La búsqueda de la vida eterna o, al menos, un poco más prolongada, es quizá tan antigua como la humanidad.

> ***Epicuro dijo que el temor a la muerte es natural, pero no racional: "La muerte no es nada para nosotros. Porque cuando estamos aquí, la muerte no está. Y cuando la muerte está aquí, ya nos fuimos".***
> Epicuro.

Muchas religiones ofrecen una promesa de vida eterna después de la muerte y supuestamente es mucho más agradable vivir ahí. En el pasado, la promesa de tiempos mejores en la vida después de la muerte fue quizá más interesante de lo que es ahora.

Cuando la mayoría de las personas han soportado una corta vida repleta de dolor y arduos trabajos, la idea de una vida después de la muerte que corrija el balance debe ser muy atractiva. ¿Pero no es querer más únicamente codicia? También podemos esperar vivir a través de nuestros hijos o mediante dejar un conjunto de obras que perduren en el futuro. Quizá esa sea la forma natural de actuar al respecto.

Algunas personas pagan una gran cantidad de dinero para tener congelado su cuerpo, o incluso solo su cerebro, después de la muerte. La idea es que en el futuro cuando exista una cura para aquello que los mató, serán descongelados y podrán continuar con su vida. ¿Te gustaría vivir en un mundo nuevo mucho tiempo después de que tus seres queridos hayan fallecido? ¿Y por qué las personas del futuro se molestarían en descongelar a cualquiera del siglo XXI?

¿Qué tan buena es la vida?

"Toda la labor de las eras, toda la devoción, toda la inspiración, toda la gran brillantez del genio humano, están destinados a la extinción en la gigantesca muerte del sistema solar y el templo completo de los logros del hombre deberá inevitablemente quedar sepultado debajo de los escombros de un universo en ruinas".

Bertrand Russell

Se dice que en una ocasión un taxista londinense le preguntó a Bertrand Russell, "entonces, ¿de qué se trata todo?". Posiblemente no era la mejor persona que podía preguntar. Pero si vamos a morir y todo se convierte en polvo, ¿qué utilidad tiene la vida? Esta es la pregunta a la que se enfrentaron los Absurdistas. (Ver *¿Ser o no ser?*).

> ***"El misterio de la existencia humana se encuentra no solo en mantenerse vivo, sino en encontrar algo por lo cual vivir".***
> Fedor Dostoievski.

Existen dos formas de abordar la pregunta del propósito de la vida. Una es preguntar si necesita un propósito. La otra es intentar darle nombre a un propósito.

Podríamos estar aquí todo el día revisando todos los propósitos posibles de la vida, pero la mayoría de los filósofos dicen, de una manera o de otra, que no podemos saber si tiene un propósito, así que solo vivamos en la mejor forma que podamos. Camus, quien dijo que la única verdad importante en filosofía es, "¿por qué no suicidarnos?", le dio al clavo cuando dijo que en realidad solo tenemos que continuar con ella sin saber.

> ***"La muerte no es un acontecimiento de la vida, no vivimos para experimentar la muerte. Si consideramos que la eternidad no significa una duración temporal infinita sino intemporalidad, entonces la vida eterna pertenece a aquellos que viven en el presente. Nuestra vida no tiene fin en la forma en que nuestro campo visual no tiene límites".***
> Ludwig Wittgenstein, 1921.

Si sientes que existe un propósito en tu vida (quizá a través de alguna creencia religiosa), no harás la pregunta. Si no lo tienes, podrías aceptar la respuesta filosófica más respondida: Vivir siendo leal contigo mismo, vivir una buena vida, hacer lo que es correcto hacer (ver *¿Te haría feliz un nuevo iphone?*). Lo "bueno" de algo es lo que hagamos con ello.

La conciencia clara de haber nacido en una batalla perdida no conduce a uno necesariamente a la desesperación. No me gusta en particular la idea de que un día me darán palmaditas en el hombro y me informarán, no que la fiesta se terminó, sino que con toda seguridad continúa, solo que de aquí en adelante en mi ausencia. (El segundo de esos pensamientos, y la edición del periódico que saldrá al día siguiente de que me haya muerto, es lo que es más preocupante.) No obstante, mucho más horrible sería el anuncio de que la fiesta continuaba para siempre y que estaba prohibido irse. Ya sea que era una fiesta endemoniadamente mala o una fiesta que era completamente celestial en todos aspectos, el momento en que se volvió eterna y obligatoria sería el momento preciso en que comenzó a dejar de ser interesante.
Christopher Hitchens, 1949-2011.

Capítulo 12

¿Puedes elegir creer en Dios?

¿La fe se le da a uno o puede ser elegida? ¿Si la creencia no es una elección, cómo puede ser justo recompensarla?

"Si no he visto ninguna señal de divinidad, me fijaré en la negación. Si he visto en todas partes las señales del Creador, reposaré tranquilamente en la fe. Pero si veo demasiado para negarlo a Él y demasiado poco para estar seguro, estoy en un estado lamentable y desearía cien veces que si un dios mantiene la naturaleza, esta lo revele a Él sin ambigüedad".

Blas Pascal, *Pensamientos*, 1669

Este capítulo no trata acerca de la posibilidad de que Dios exista: esa es una pregunta demasiado grande. O quizá una pregunta demasiada pequeña, la respuesta es solo "Sí" o "No", pero el argumento lógico no te ayudará a descubrir cuál es la correcta. La razón dice, "No"; la fe dice, "Sí". La pregunta clave es si puedes elegir la fe.

La apuesta de Pascal

Una de las más famosas proposiciones filosóficas es la apuesta de Pascal. Enfrentado a la incertidumbre de si Dios existe, sopesó los costos y beneficios de creer o no creer:

- Si Dios no existe, pero elegimos creer en él, viviremos una vida virtuosa, perderemos un poco de tiempo en oraciones sin fruto y desapareceremos en el olvido al morir.
- Si Dios existe, pero elegimos no creer en él, podemos tener una vida divertidísima por unos pocos años, pero luego perderemos nuestras almas inmortales en una eternidad de perdición y tormento.

"Si ganas, ganas todo; si pierdes, no pierdes nada".

Haciendo un balance, invertir unas pocas horas en oraciones y buenas obras es la mejor apuesta que hacer:

"Debería estar mucho más temeroso de equivocarme y luego descubrir que el Cristianismo es cierto, que equivocarme en creer que es cierto".

¿Pero esto es algo sencillo? ¿Es la creencia personal un asunto de elección? Quizá para Pascal, debido a que tenía dudas, en parte creía, en parte no, la apuesta fue suficiente para llevarlo al límite y escuchar la parte que creía y silenciar la parte que no creía. Sin embargo, al partir de una postura de incredulidad, ¿es en realidad posible elegir creer?

CUÁL DIOS ESTÁS ELIGIENDO?

La apuesta de Pascal tiene un grave defecto, que Denis Diderot señaló alrededor de 100 años después de que Pascal la escribiera. Pascal tiene que decidir no solo si creer en Dios, sino en cuál Dios creer. Si él elige al Dios equivocado, las horas invertidas en la oración se habrán ido a la basura y él se habrá condenado para siempre.

Nacido en la fe

Esto solía ser algo sencillo. Si vivías en Europa, nacías en la tradición cristiana, o quizá en el Judaísmo. Desde tu primera infancia nunca cuestionaste esto, al menos no en voz alta, a menos que tu objetivo en la vida fuese ser quemado en la hoguera como hereje. En una época en que había muchos misterios y se tenía que tener confianza, debe haber sido más sencillo aceptar a Dios casi sin volver la vista atrás. Existen lugares donde eso todavía se mantiene. Hay, y han habido, personas para quienes la existencia de Dios no está en duda

más de lo que dudan de la existencia del aire. Ellas ya no deciden creer más de lo que tú o yo decidimos respirar.

Decisiones obligatorias

William James, novelista, el hermano del todavía más famoso Henry James, consideró que creer en Dios era una "decisión obligatoria", una que teníamos que tomar, a favor o en contra, porque no existe ninguna postura intermedia sostenible. Vemos la vida como repleta de decisiones, algunas de las cuales son obligatorias (tienen que hacerse) y algunas de las cuales tienen una gran trascendencia (producen un gran efecto en nuestras vidas). La decisión, como él la vio, de si hay que creer o no creer en Dios, fue tanto obligatoria como trascendental. No podía ver ninguna razón de por qué alguien escogería no creer ya que la religión le proporciona a la persona un propósito en la vida, un marco moral y una estructura psicológica; además, desde luego, de ese bono extra, siempre tentador, de la vida después de la muerte.

¿Razón y fe o razones por fe?

Existe una relación muy inestable entre la razón y la fe. Algunos filósofos han argumentado que es completamente razonable creer en Dios y haber intentado defender la existencia de Dios mediante los argumentos razonados. Pero esto no resulta. No existe ningún argumento racional sólido, filosóficamente convincente, para la existencia de Dios, ¿pero no es ese todo el problema?

"No pretendo comprender que puedo creer, sino que creo que puedo comprender. Por esto, también, creo que, a menos que primero crea, no comprenderé".

Anselmo, 1077-1078

Voltaire se expresaba de otra manera y afirmaba que creer *es* un asunto de razón:

"¿Qué es la fe? ¿Es creer eso que es evidente? No. Es perfectamente evidente para mi mente que existe un ser necesario, eterno, supremo e inteligente. Esto no es asunto de fe, sino de razón".

Sin embargo, "es perfectamente evidente para mi mente" es en esencia una declaración de fe, diga lo que diga. Podría ser "evidente", pero solo es “racional” si puede ser probado por la razón, por un argumento racional. Y el único propósito de una prueba lógica de la existencia de Dios es persuadir a aquellos que no tienen fe o cuya fe es vacilante, ¡personas como Pascal! Para ser justos con Voltaire, él creía que el universo estaba regido por leyes inmutables (lo que llamaríamos las leyes de la física) y que estas eran por naturaleza explicables incluso si no podíamos todavía explicarlas. Dios se ubicaba en esta categoría, así que era un asunto de razón que estaba más allá de nuestra capacidad actual, más que de un misterio inefable.

Erasmo, un humanista holandés que escribió a principios del siglo XVI, era extremadamente crítico de la iglesia organizada, la cual creía había oscurecido la religión con rituales y normas innecesarias; criticó a los clérigos por discutir hasta el cansancio sobre cuántos nudos debían usar cuando se ataban las sandalias. Erasmo creía que la “adoración sincera”, simple, directa, era todo lo que se requería y que esta debería estar basada en un reconocimiento confiado de Dios y un anhelo por adorarlo. Consideró que creer en Dios era una forma de “disparate glorioso”, disparate precisamente porque es algo aceptado como verdad, incluso si parece ser contrario a la razón. Es algo que está más allá de la ciencia, más allá de la razón, una afirmación sencilla de una verdad directamente percibida o comprendida. También Soren Kierkegaard consideró la creencia como un “esfuerzo de fe” y lo más opuesto a la razón; si pudiésemos explicar a Dios, no necesitaríamos la fe y entonces las creencias religiosas carecerían de sentido.

¿Puedes saborear el agua tónica?

Esto deja a aquellos que no creen con pocas opciones. ¿Es como la habilidad de saborear el agua tónica? Algunas personas pueden saborear lo amargo de la quinina en el agua tónica y algunas otras no pueden, esta es una diferencia genética. Si no puedes saborearla, nunca podrás. ¿Lo mismo es la fe? Si no tienes fe de manera automática, ¿estás excluido del reino de los cielos (asumiendo que hay uno)? ¿No es eso un poco injusto? De acuerdo con muchas enseñanzas religiosas, ninguna cantidad de buenas acciones y pensamientos caritativos, ni llevar a cabo las formalidades religiosas ayudarán sin fe. Y las creencias tienen que ser las precisas. Si eres católico y los protestantes son los perfectos, pobre de ti. Si eres sunita y los shiitas son los perfectos, pobre de ti. Y si los devotos polinesios que le rinden culto al tiburón son los perfectos, pobre de la mayoría de nosotros.

Según John Calvin, Dios ya ha escogido a aquellos que serán salvados. De acuerdo con doctrinas más liberales, todos podemos preparar el terreno para el Espíritu Santo (u otro portador de fe apropiado).

¿Quién tomó la decisión?

La actitud moderna dominante respecto a la religión, en particular en el mundo occidental, es que se trata de una asunto personal entre el individuo y

Dios, quizá con un líder espiritual intermediario.

El filósofo alemán Friedrich Nietzsche (1844-1900) adoptó una postura en contra de la religión, en particular contra el Cristianismo, declarándola un tipo de tácticas evasivas comunales para manejar importantes asuntos sociales. En su punto de vista, las religiones que convierten en una virtud las posiciones serviles como la pobreza, la humildad y la mansedumbre, apoyan y propician sistemas sociales que oprimen a los pobres. Las denominó "moralidades esclavas" porque convertían en una virtud moral las características que hacían que las personas fuesen explotadas con facilidad. Los esclavos son desanimados a rebelarse en contra de su condición porque son persuadidos de que la forma en que viven les está haciendo ganar favores para su vida después de la muerte, la cual, según el punto de vista de Nietzsche, no existe. Es un poco como gastar en un seguro de vida que nunca se pagará, no descubres que has sido estafado hasta que es demasiado tarde.

EL CAMINO A DAMASCO

No todos nacemos en una fe. Algunas personas que no tienen ninguna fe encuentran una religión e incluso cambian religiones, ya sea debido a que son persuadidos o inspirados. George Price, un genetista estadunidense tuvo una experiencia religiosa intensa después de pensar que había demasiadas coincidencias en su vida. Creía que había más coincidencias de las que pudieran explicarse de otra forma más que la divina y se convirtió al Cristianismo. En su caso, la razón lo condujo a la fe.

El psicoanalista Sigmund Freud también vio un motivo oculto, pero en esta ocasión es el subconsciente buscando una fuente de consuelo y estímulo. Creía que los humanos ansiaban una "figura paterna" para "reconciliar a los hombres con la crueldad del destino y compensarlos por los sufrimientos (de) la vida civilizada". No es la razón o la fe lo que impulsa a los hombres hacia Dios, de acuerdo con Nietzsche o Freud, sino una necesidad de excusar su autosuficiencia frente al abuso o el sufrimiento. No son impulsados por la fe, ni siquiera por la decisión, sino más bien se aferran al último recurso de la religión sin mucha reflexión.

Para algunos científicos la complejidad increíble del universo conduce hacia la fe, más que a alejarse de ella, si se cree que podría revelar la mano de un creador inteligente.

Capítulo 13

¿Un perro tiene un alma?

¿Alguna vez has mirado directamente a los ojos a un perro y sentido que tiene un alma? ¿La tiene realmente?

¿Qué es un alma?

Las personas con creencias religiosas a menudo consideran el alma como el enlace entre lo humano y una deidad o creador. En las religiones abrahámicas, el alma es la parte de los humanos similar a Dios, anhelando ser como o regresar a Dios, un reflejo o fragmento del Espíritu Santo. Un punto de vista laico del alma es que es algo parecido a la conciencia o conciencia de uno mismo, o una parte de un alma universal. (Ver *¿Hay un fantasma en la máquina?*)

Dejar que Dios escoja

Para los religiosos, Dios ha decidido si los animales tienen almas. Pero los textos religiosos son notablemente crípticos, dejando mucho a la interpretación y a menudo proporcionando mensajes contradictorios en diferentes lugares. La Biblia no es muy clara sobre el tema de si los animales tienen alma. Este pasaje en el Rapto, cuando se supone que Cristo regresa a la Tierra y se lleva a los salvados, sugiere que los animales tienen alma.

"El espíritu del hombre que va hacia las alturas y el espíritu de la bestia que va hacia abajo a la tierra".

Eclesiastés 3:21

René Descartes (1596-1650) consideró el cuerpo como un aparato mecánico habitado por un alma. Consideró que solo los humanos tenían alma; los animales estaban vacíos, una máquinas sin almas.

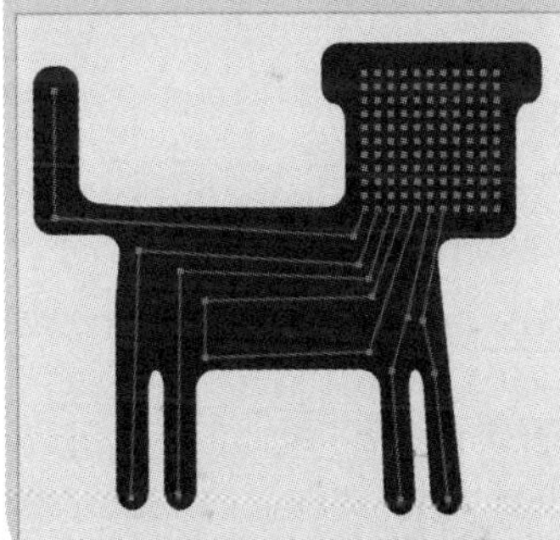

En el Islam, no se considera que los animales tienen libre albedrío, ellos no serán juzgados por sus acciones y admitidos en el cielo. Así que quizá el libre albedrío es una característica que define al alma.

DESPUÉS DEL RAPTO

Existen varias organizaciones, ambas comerciales y voluntarias, que ofrecen una garantía de que ellas cuidarán de las mascotas de los cristianos llevados en el Rapto. Ellas trabajan con la premisa de que las mascotas no tienen almas y no serán raptadas.

Un alma, preusada

El Budismo no avala incluso humanos con una sola alma, sino que considera a todas las criaturas participando de un espíritu universal. Un punto de vista similar era sostenido por Baruch Spinoza (1632-1677), quien veía un espíritu único de la naturaleza habitando toda la creación, un punto de vista considerado herético y por lo cual fue prohibido de toda la fe judía. El Budismo y el punto de vista de Spinoza nos dan a cada uno de nosotros, y a cada perro, un pequeño fragmento del alma universal, pero no un fragmento con alguna autonomía o existencia independiente de importancia.

Para aquellos que creen en la transmigración de las almas, que un alma habita un cuerpo después de otro, un perro tiene un alma. Y un alma no es de una especie específica: la misma alma puede en una vida habitar un cuerpo humano y en otra un perro, un pangolín o una avispa. Heródoto, quien escribió en el siglo V a. C., informó que los antiguos egipcios pensaban que el alma humana renacía como todos los tipos de animales y que regresaba a la forma humana de nuevo después de 3000 años. Algunos de los antiguos filósofos griegos, incluyendo a Platón y Pitágoras, creían que un alma habitaba un cuerpo solo por un periodo reducido. Entonces se reunía a un mundo de almas a la muerte del cuerpo, hasta que inspiraba otro cuerpo; ya fuera humano o animal. En este plan, un perro tiene exactamente el mismo tipo y calidad de alma que un humano.

"En una ocasión que se encontraba presente cuando golpeaban a un cachorro, se compadeció de este y dijo: 'Detente, no sigas golpeándolo, ya que esta es el alma de un hombre a quien quiero, al cual reconocí cuando lo escuché aullando'".
Jenófanes, hablando de Pitágoras (alrededor de 570-475 a. C.).

¿Son diferentes los animales?

Con frecuencia, se ha considerado al alma como aquello que produce conciencia, conciencia de uno mismo y moralidad, capacidad para la imaginación, el lenguaje, la empatía, el pensamiento abstracto, la conciencia moral, la pasión y la esperanza. Muchos de estos atributos o capacidades tradicionalmente se han considerado que distinguen a los humanos de los animales. Si lo que distingue a los humanos de las bestias es el tener un alma, entonces lo que define a un alma es lo que pertenece a un humano y no a una bestia. Esto se convierte en un argumento circular en el cual no es posible para un perro tener un alma simplemente por la virtud de ser un perro: un alma es algo que los perros no tienen. Esto evidentemente no es lo suficiente bueno.

El conocimiento cada vez mayor acerca de la fisiología y el comportamiento animal genera dudas acerca de las suposiciones antiguas de que hay algo especial inherente sobre el ser humano y el cerebro humano (aparte de cualquier razón religiosa para considerar especiales a los humanos). Podemos detectar inteligencia y aprendizaje en otros animales. Algunos animales actúan en formas que en los humanos se podría decir que muestran compasión, justicia y altruismo, y no solo hacia los miembros de su mismo grupo o especie. El investigador Jean Decety descubrió que las ratas liberan a otras ratas de las trampas incluso si no son recompensadas por hacer esto y que incluso liberarán a otra rata para compartir un alimento que la primera rata de otra manera habría podido comerse. Los monos también abrirán una jaula y liberarán a otro mono para compartir su comida con él. Las historias de delfines que han salvado a marineros que se están ahogando han circulado desde la época de los antiguos griegos y varios bebés humanos han sido criados por animales salvajes.

La mayoría de las personas asumen que solo los humanos crean arte (como contar relatos), sienten remordimiento o culpabilidad, fantasean, tienen esperanzas para el futuro o tienen conciencia de ellos mismos, así como una teoría de la mente (es decir, reconocer que otras personas tienen mentes propias y podrían no pensar de la misma forma acerca de algo). Sin embargo, no existe ninguna evidencia de ninguna de las dos opciones, no *sabemos* si los animales hacen estas cosas. Si ellos pueden hacer alguna de ellas o todas, ¿tendrían almas?

El arca con alma

En el mundo occidental, los perros a menudo tienen una relación cercana con los humanos. Los gatos y los caballos disfrutan de los mismos favores, pero a un grado ligeramente menor. No obstante, este favorecimiento no tiene nada de especial relacionado con los perros (o los gatos o caballos), tiene que ver con nosotros y nuestra actitud hacia ellos. Proyectamos nuestros deseos y caprichos en los animales que favorecemos.

EL CATÁLOGO DE ALMAS DE ARISTÓTELES

Aristóteles consideró que las almas más desarrolladas con todas sus capacidades, están disponibles solo para los humanos. Los animales pueden tener un alma menos racional. Las plantas pueden tener únicamente un alma con lo más básico.

5* Alma apropiada solo para los humanos; capaz de pensamiento racional, locomoción y percepción; funciones que sustentan la vida.

3* Alma apropiada para animales; capaz de locomoción y percepción; funciones que sustentan la vida.

1* Alma apropiada solo para las plantas; sin locomoción independiente; solo funciones básicas que sustentan la vida.

Hay animales más inteligentes que los perros y otros animales (incluyendo a las ratas) que también muestran comportamientos empáticos, altruistas y generosos. Si un perro tiene un alma, con toda seguridad la tiene un delfín y un gorila. Es posible que otros animales tengan, desde el punto de vista biológico, niveles similares del comportamiento mental que asociamos con las almas, los perros no son un caso especial. ¿Un oso polar tiene un alma? ¿Una jirafa? ¿Una morsa? ¿Un oso hormiguero?

¿Existe alguna buena razón para que limitemos las almas a los mamíferos? Los córvidos (la familia de los cuervos) son inteligentes, y muchas aves forman parejas para vivir y entristecen si pierden a sus parejas; quizá las aves tienen almas. ¿Qué podemos decir de los peces? ¿Los insectos? ¿Las amibas? ¿Los macrófagos? ¿Qué tan abajo podemos llegar?

El filósofo inglés William Kingdon Clifford (1845-79) pensaba que en realidad podemos llegar muy abajo. No podía ver cómo la evolución pudo efectuar el salto de la inconciencia a la conciencia y por ello postulaba que todo tiene alguna forma primitiva de conciencia que por consiguiente estaba disponible para un desarrollo evolucionario. "Es imposible para alguien indicar el sitio en particular en la línea de descendientes donde se puede suponer que tal evento ocurrió". Lo único que podríamos considerar, si aceptamos la doctrina de la evolución, es que incluso en el organismo más inferior, incluso en la amiba que nada en nuestra sangre, hay algo inconcebiblemente simple para nosotros, que es de la misma naturaleza que nuestra conciencia. (Clifford era muy inteligente y anticipó la teoría de la relatividad de Einstein, escribiendo en la década de 1870 acerca de la curvatura del espacio. Por desgracia, falleció a la edad de 33 años, dejando el escenario despejado para Einstein.)

¿Esto es importante?

Aparte del sentimiento vago de creer que su mascota tiene un alma, el cual podrían sentir los dueños de un perro, ¿es importante si los animales tienen almas? ¿Habría alguna diferencia si un animal tiene un alma o no?

Una población de cuervos en Japón arroja nueces en la carretera para que el tráfico las aplaste. Pero eso no es todo, estas aves las arrojan en el cruce de peatones y esperan la luz verde para recoger los trozos de nuez.

Tal como Pitágoras pidió que no patearan a un cachorro porque había reconocido a un alma que había sido un humano, podríamos tratar a los animales de forma diferente si supiésemos que tienen almas. La mayoría de las personas creen que tienen más obligaciones con los humanos que con los animales, más obligaciones con los animales más grandes y posiblemente más inteligentes que, por ejemplo, las babosas y los escarabajos, y más obligaciones con los animales que las plantas. Si sabemos que los animales tienen almas, ¿los trataríamos con más compasión y respeto? ¿Estaríamos dispuestos a comerlos, criarlos en granjas, usarlos en la investigación, mantenerlos en zoológicos o incluso tenerlos como mascotas?

¿UN FRIJOL TIENE UN ALMA?

Se sabe que Pitágoras no comía frijoles y que incluso permitiría que lo asesinaran en lugar de escapar de sus perseguidores corriendo a través de un sembradío de frijoles, destruyéndolo. Una de las razones sugeridas para esto es que creía que los frijoles desempeñaban una función importante en la transmigración de las almas, quizá actuando como un conducto de algún tipo entre las migraciones.

¿Deberíamos hacer esto? ¿Cuáles responsabilidades especiales (si es que hay alguna) tenemos con los seres con almas? ¿Nuestras obligaciones hacia los animales y los seres humanos serían las mismas si supiésemos que los animales tienen almas o que son capaces de algo semejante a nuestros niveles de pensamiento, empatía y sufrimiento? ¿Y ya que no lo sabemos, deberíamos concederles el beneficio de la duda?

Capítulo 14

¿Puedes decir lo que piensas y pensar lo que dices?

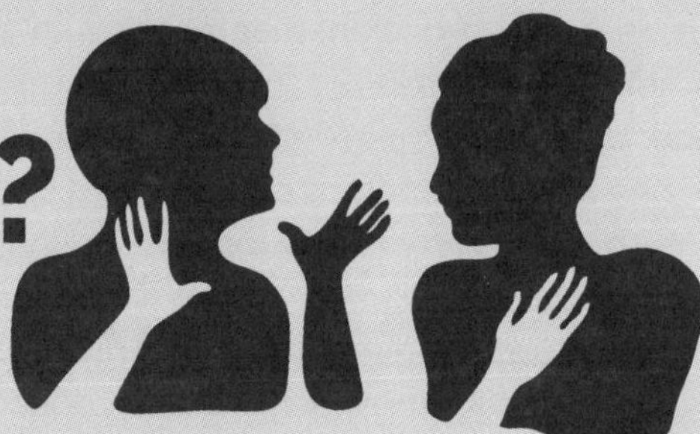

"Entonces deberías decir lo que piensas" —continuó la Liebre de Marzo. "Lo hago. Al menos, al menos, pienso lo que digo, que es lo mismo, sabes" —respondió de inmediato Alicia. "No es lo mismo ni un poquito" —dijo el Sombrerero.

Lewis Carroll, *Alicia en el País de las Maravillas*. 1865.

Durante los últimos 100 años o algo así, los filósofos se han interesado mucho más en el lenguaje, en lo que podemos decir, cómo las palabras se relacionan con sus significados y en cómo podemos comprender el lenguaje como lo usa alguien más. Como todas las ideas filosóficas deben comunicarse mediante el lenguaje, el denominado "giro lingüístico" ha tenido un gran impacto en lo que se dice y en cómo se dice, así como ha producido una reflexión respecto a lo que no puede decirse. ¿El lenguaje limita lo que podemos pensar, o incluso lo que existe?

Eso es solo una palabra

El problema de los universales —ya sea que existen o no ideas tales como "justicia", "infancia", "enojo" y "rojo"— es uno de los primeros problemas filosóficos que presentó el espinoso tema del lenguaje. Algunos filósofos, llamados nominalistas, creen que estos conceptos abstractos existen solamente en su nombre. No existe tal "cosa" como enojo, solo hay un comportamiento que manifiesta enojo y la palabra "enojo". Otros filósofos, llamados realistas, afirman que el enojo existe como algo separado de la palabra; las personas continuarían estando enojadas incluso si no tuviésemos una palabra para ello. Los realistas están todavía más divididos en estos, como Aristóteles, que cree que los universales existen solo en tanto haya un ejemplo de ellos, y aquellos que creen que existen de todas maneras. Así, para Aristóteles, si las personas dejaban de estar enojadas, o si la raza humana era eliminada, entonces el "enojo" ya no existiría más. Para Platón, un idealista, el enojo existe con o sin personas que estén enojadas ya que existe una "forma" (un ideal) para el "enojo".

¿Qué significan las palabras?

La pregunta de cómo las palabras acumulan significado interesó al filósofo alemán del siglo XX, Ludwig Wittgenstein. Para él, las palabras son definidas por cómo las utilizamos. Así que si comenzamos a usar una palabra de forma diferente, su significado cambia. Cuando los jóvenes comenzaron a usar la palabra "*cool*"[1] para significar algo que era diferente a "no muy caliente", el significado de la palabra cambió para igualar su nuevo uso. Esto representó un revés para Wittgenstein, cuya primera obra sobre el lenguaje decía que debemos usar el lenguaje para hacer imágenes o modelos del mundo, lo cual solo podemos hacer si el significado de las palabras está fijado

1 (N. del T.) Jerga para "padre", "genial", en español).

en relación con las cosas en el mundo. Su pensamiento posterior se centró alrededor de los "juegos del lenguaje" en los cuales las personas que participan en cualquier conversación tienen que resolver el significado de las palabras mientras las usan.

Regresando de nuevo al dilema de Wittgenstein, ¿existe alguna correspondencia entre una palabra y su significado, o es cada palabra más bien un sonido arbitrario al que le hemos asignado un significado? Por ejemplo, ¿hay alguna buena razón de por qué "perro" debe significar un mamífero canino y no, digamos, un carámbano o un carburador? En tanto que existen relaciones lógicas entre palabras, por ejemplo, hielo y carámbano[2], solo con unas pocas palabras onomatopéyicas existe alguna correspondencia significativa entre la palabra y la cosa, o el significante y el significado, como el término que usan para ellos los filósofos lingüísticos.

Ferdinand de Saussure, quien acuñó los términos, vio la palabra hablada como el significante, considerando la palabra escrita estar a otra distancia: el sonido que asociamos con la letra "t" es el significado y la letra "t" es un significante para este.

2 (N. del T.) En inglés, "ice" e "icicle".

Entonces, el sonido "t" es parte misma de un patrón de sonido del que pensamos como una palabra, y la palabra es un significante que interpretamos como significando algo (el concepto o cosa que es significado). La palabra "árbol" no significa "árbol" en ningún sentido absoluto, pero por consenso general acordamos comprender el concepto "árbol" cuando vemos o escuchamos la palabra, desde luego, mientras sepamos que es una palabra en español.

Llevando tus antecedentes

Las palabras vienen con grandes cantidades de antecedentes culturales. Estos se acumulan y cambian con el tiempo y pueden incluso cambiar retrospectivamente el significado de las comunicaciones escritas. Menciona el nombre "Adolfo" y la mayoría de las personas pensarán en Hitler. Si fueses a escribir una novela y llamaras al personaje central Adolfo, los lectores podrían llevar ciertas expectativas a la historia, las cuales podrías respaldar o frustrar con la forma en que desarrollaste al personaje de Adolfo. La palabra "gay" se empleó hasta mediados del siglo XX para significar alegría y quizá alguien un poco frívolo, pero en la actualidad su significado principal es "homosexual". Nadie puede usar la palabra en su sentido original sin que el sentido último le proporcione cierto matiz. Esto resulta incluso de forma retrospectiva, así que al leer una novela escrita en 1920 el significado moderno de la palabra afecta nuestra percepción del libro.

El filósofo británico del siglo XX, John Austin, dividió los "actos del lenguaje" (aquellos que se pueden llevar a cabo con palabras) en tres tipos: Actos locucionarios, ilocucionarios y perlocucionarios. Un acto locucionario solo nos dice algo acerca del mundo. Un acto ilocucionario puede ser una pregunta, una instrucción, una promesa, este presta una función especial más allá de solo decirnos algo. Un acto perlocucionario es el lenguaje que también es una acción: por ejemplo, decir "acepto" en una boda lleva a cabo la acción de casarte. Con el fin de comprender cómo funcionan las palabras en estas formas, todos los involucrados deben conocer el contexto cultural en el cual se usan.

¿Sabes lo que quiero decir?

Algunas personas ven el color turquesa como un tono de azul, y otras como un tono de verde. ¿Pero estamos seguros que lo vemos de forma diferente o solo usamos las palabras de forma diferente? No podemos estar realmente seguros si todos vemos el rojo o el amarillo de la misma forma, pero estamos de acuerdo en llamar al color de la sangre "rojo". De manera similar, podríamos tener ideas diferentes de lo que queremos decir por enojo, amor, temor, o algo más. Así que lo que quiero significar cuando digo algo no es necesariamente lo que tú comprendes cuando lo escuchas.

Los filósofos intentan hablar sobre el lenguaje o de algo más, pero lo más irónico es que cuando tratan de hablar sobre el lenguaje, encuentran que los métodos de comunicación son demasiado inestables y no están a la altura de la tarea.

Ni una palabra

Hubo otro filósofo alemán, Gottlob Frege (1848-1925), quien dirigió la filosofía hacia una cuidadosa consideración del lenguaje. Argu-

mentó que el lenguaje solo deriva el significado del contexto. Si usamos una oración como "Ese cerdo es negro", podemos verla como algo similar a una afirmación matemática con un argumento, "ese cerdo", y una función, "es negro". Podemos quitar el argumento y remplazarlo con otro, por ejemplo, "este gato". Pero las partes solo tienen significado en un contexto, "es negro" no nos dice algo por sí mismo.

Una palabra sola no tiene ningún significado. Saussure explicó que las palabras son significados dados por virtud de las diferencias entre ellas. Así "masculino" requiere la existencia de "femenino" y decir que algo "es" un gato también es decir que no es un perro o un ratón, o un ualabí. En cierto sentido, todo es definido por lo que no es.

Palabras y verdad

Parece bastante obvio que podemos usar el lenguaje para decir la verdad o una mentira. Bertrand Russell fue más lejos y dijo que una afirmación también puede carecer de significado. Una oración como, "El rey de Francia es calvo" no es ni verdad ni falsa ya que no hay rey de Francia. Si dijimos que era falsa, eso implicaría que el rey de Francia no es calvo (pero que existe). Entonces pueden haber afirmaciones completamente desconcertantes, como, "Todo lo que digo es mentira", la cual si es verdad entonces es falsa, y si es falsa entonces es verdad.

Limitando el pensamiento

El lenguaje limita lo que podemos decir, ¿pero limita, restringe o estructura lo que podemos pensar? Existe un argumento de que sí lo hace. Por ejemplo, en chino cuando hablamos sobre un número de cosas, es necesario usar una "palabra medida" entre el número y el objeto contado. Así, "tres mapas" serían efectivamente "tres cosas-planas-que-son-mapas". El requisito para agrupar las cosas por una de sus propiedades establece lazos entre las cosas y destaca una propiedad sobre otra. En chino, hay más semejanzas entre tres mapas y tres estampillas que entre tres mapas y tres gorilas. En inglés, el lenguaje no refleja el hecho de que las estampillas son más parecidas a los mapas que a los gorilas. No somos obligados a pensar que las cosas son similares con el fin de contarlas.

Existen más ejemplos famosos de cómo el lenguaje podría limitar o expandir el pensamiento y la expresión. El lenguaje pirahán en Brasil no tiene palabras de números ni palabras de colores. Las personas tienen conceptos de una sola cosa, un pequeño grupo y un gran grupo de cosas, pero no de números ordinales. El color se comunica mediante similitud, de esta manera las cosas rojas son "como sangre". Se ha descubierto que los pirahán son incapaces de copiar patrones que incluyan varios elementos e incapaces de aprender a

contar, a menos que se les enseñe en la primera infancia. El pirahán proporciona una de las evidencias más contundentes de determinismo lingüístico, la idea de que lo que podemos saber o pensar está limitado por lo que nuestro lenguaje nos permite decir.

Algunos lenguajes tienen palabras para cosas que otros no tienen. En japonés la palabra "tsundoku" es el acto de dejar un libro sin leer después de comprarlo. A pesar de que no hay una palabra para eso en inglés, también se dejan libros sin leer en inglés. ¿Piensan de forma diferente acerca de la acción, ya que no hay ninguna palabra para ello? ¿Es esta acción más furtiva, o quizá es más sencillo de perdonar debido a que no hay ninguna palabra? A pesar de no tener una sola palabra sobre el asunto, todavía es posible decir en inglés que has comprado un libro y no lo has leído. ¿Qué hay acerca de algo de lo que no tenemos una palabra y de esta manera lo ignoramos? No tenemos una palabra para la forma en que un gusano cava túneles en la tierra.

> ***"De lo que no podemos hablar, de eso debemos guardar silencio".***
> Ludwig Wittgenstein, 1921.

Podemos describir la forma en que se mueve, incluyendo actividad muscular que no podemos realizar con un cuerpo humano pero no tenemos una palabra para ello. Es difícil imaginar ser un gusano. Quizá una razón es que no tenemos una palabra para lo que los gusanos hacen. O quizá no tenemos una palabra para ello porque es difícil de imaginar.

Lenguajes. Lo mismo pero diferente

Noam Chomsky ha estudiado lenguajes y la forma en que son aprendidos. Sugiere que todos los lenguajes comparten algunas características de sintaxis (estructura) y que nuestros cerebros están preparados para aprender lenguajes usando estos patrones. Es como si el cerebro tuviera una estructura establecida y solo necesitara ser poblado con un lenguaje. Chomsky argumenta que cualquier lenguaje es demasiado complejo para que un niño lo asimile solo mediante copiarlo de las personas a su alrededor y que esto indica que tenemos una capacidad innata para el lenguaje. Sin embargo, el potencial para aprender parece estar limitado en el tiempo. Los niños que no aprenden un lenguaje antes de la pubertad es improbable que alguna vez aprendan uno. Algunos expertos en lingüística argumentan que existe un periodo crítico durante el cual el lenguaje puede aprenderse y si los niños no son expuestos a un lenguaje durante este periodo ellos nunca serán capaces de aprenderlo. Parece que si la parte del cerebro que nos permite decodificar lenguajes, para igualar significados con un patrón de sonidos, no se usa en los primeros años, nunca funcionará.

LENGUAJE SIN PALABRAS

Nadie supondría que los recién nacidos, bebés o las personas sordomudas, son incapaces de pensar a pesar de que no pueden usar el lenguaje en la misma forma que los adultos que pueden hablar y escuchar usan el lenguaje. El "lenguaje" no necesariamente consiste de palabras habladas o escritas. Algunos solo tienen una forma hablada. El lenguaje pirahán (de nuevo) puede hablarse completamente en silbidos, porque tiene solo trece sonidos distintos y estos pueden remplazarse por tonos de silbidos. ¿Y qué hay acerca de los infogramas? Estos comunican información sin usar palabras o pictogramas establecidos. Los lenguajes de señales aplican movimientos visibles a palabras y el lenguaje de señales inventado para Hellen Keller (en la foto) por su niñera, estaba basado en movimientos que eran sentidos. Las formas posibles del lenguaje se extienden más allá de hablar y escribir.

FIERAS SALVAJES

A través de la historia ha habido relatos de niños abandonados o robados y criados por animales salvajes, a menudo lobos. En ocasiones, estos niños salvajes han sido recuperados y llevados a las sociedades humanas. Los estudios muestran que tienen dificultad para adquirir el lenguaje humano si no fueron expuestos a este en una edad temprana de su vida, pero podrían ser capaces de comunicarse con sus nodrizas animales. Uno de los casos más extraños de un niño salvaje es el del niño pájaro ruso. Fue mantenido por su madre en un aviario con aves y ella nunca le habló. Cuando fue descubierto a la edad de siete años, se comunicaba piando y aleteando sus brazos.

Una comparación de dos niñas salvajes, Genie e Isabel, sugiere que el punto de interrupción se encuentra entre los seis y los trece años. Genie, alejada de todo contacto humano hasta los trece años, nunca pudo aprender el lenguaje humano, mientras que Isabel, quien fue rescatada del aislamiento a la edad de seis años, aprendió a hablar.

La señal de Niños Cruzando muestra a niños estilizados; es bastante sencillo imaginar lo que significa incluso si nunca la has visto antes. La señal de No Entrar nos dice algo, pero no ilustra nada literalmente. Requiere "lectura" (equivalente a decodificar) en una forma diferente; es tan arbitraria como una palabra y necesita ser aprendida.

PARTE 2:

ACCIÓN

Capítulo 15

¿Cómo decides qué hacer?

Las aplicaciones prácticas de la filosofía están en decidir cómo actuar. ¿Cómo puede ayudar?

A pesar de que la filosofía es una actividad del pensamiento, su valor para la mayoría de las personas se encuentra en cómo afecta lo que hacen en sus vidas diarias, desde la manera en que votan, hasta si llevarán consigo una tarjeta de donador de órganos y cuánto le darán a una institución de caridad.

Toma de decisiones

Soren Kierkegaard vio que toda la vida consiste de tomar decisiones y que el dilema humano es no saber cómo elegir. "Lo que en realidad me falta es tener claro en mi mente lo que voy a hacer", dijo.

Algunas decisiones son meramente prácticas y no tienen ninguna dimensión filosófica. Que te vayas a dormir o te quedes despierto hasta muy tarde para ver una película, depende de si necesitas levantarte temprano para ir a trabajar. Sin embargo, muchas decisiones contienen un componente ético, algo que hace a una decisión moralmente mejor o peor que otra. La filosofía puede ayudarte con cualquier decisión que implique la posibilidad de una elección moralmente correcta o incorrecta.

MORAL Y ÉTICA

No existe una diferencia sustancial entre los términos moral y ética, aun cuando algunos filósofos establecen una distinción entre ellos. Ambos provienen de la misma raíz etimológica y con frecuencia son utilizados de forma intercambiable. La palabra ética por lo común es usada en contextos teóricos (como el "comité de ética").

¿Cómo puedes tomar las decisiones moralmente correctas?

Sigue las normas

Estamos rodeados por normas y reglamentaciones, incluidas las leyes de la región, las normas religiosas, las normas y costumbres sociales, los códigos de práctica profesionales y las reglas establecidas por el arrendador, el padre, la escuela, el patrón u otra figura de autoridad o poder. Alguna reglas tienen más peso que otras. Si violamos la ley, podemos esperar un castigo judicial, pero si violamos las normas sociales podríamos únicamente recibir desaprobación. Sin embargo, no subestimes el poder de la costumbre y la tradición: una madre que no llevó a su hija a que le vendaran los pies en la China del siglo XVI, encontrará 20 años después que tiene en sus manos una pesada carga que no puede casarse (no obstante, una que puede caminar). Podemos ser tiranizados por las normas que no tienen fuerza legal.

Las normas religiosas son las únicas que afirman específicamente estar interesadas con vivir una vida moralmente buena.

Para algunas personas, incluso los placeres sencillos implican un componente moral. Si sienten que los excesos son moralmente equivocados o que la estructura capitalista subyacente a la vida moderna es explotadora, incluso ir al cine se convierte en un acto moral.

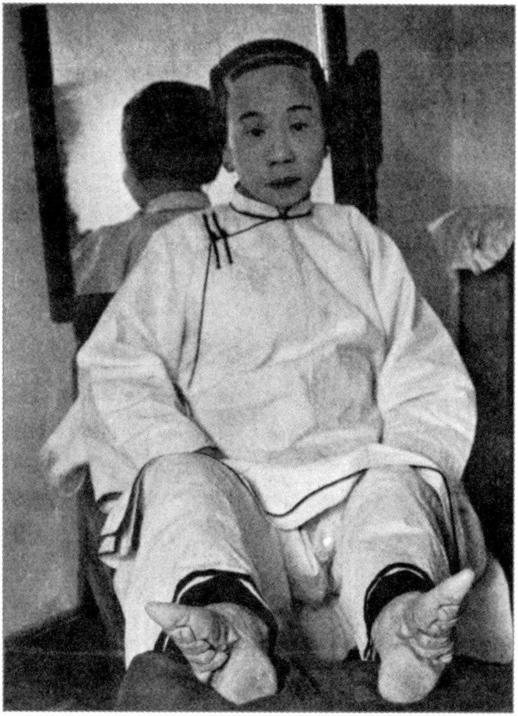

La presión social puede llevar a las personas a tomar una decisión que para otros es evidente que es moralmente equivocada, tal como dejar lisiadas a las niñas. Estos errores son más fáciles de ver en retrospectiva que cuando están ocurriendo a nuestro alrededor.

Ellas forman "estructuras de valores" que ofrecen a los creyentes un atajo para la elección correcta.

Si tu religión te dice que no comas puerco o que no mientas, estas son normas de conducta bastante claras y no necesitas pensar mucho si hacer cualquiera de ellas. Qué tan buena o mala es una acción puede determinarse al compararla con el conjunto de reglas. Juzgar la moralidad de una acción por referencia a un conjunto de reglas o a un sentido del deber se denomina "deontología" o "ética deontológica".

¿Tiene la religión un monopolio en la moralidad?

La religión y la moralidad han estado muy relacionadas durante miles de años. Algunas personas argumentan que sin religión no hay ningún incentivo para ser moral. Veamos si esto es algo válido.

¿Por qué las personas religiosas acatan las leyes morales? Muchas religiones ofrecen una recompensa (como la salvación) a aquellos que siguen las normas y también podrían emplear un castigo (como la condenación) para intentar atemorizar a las personas para que obedezcan. Así, quizá los creyentes acatan las normas para obtener una recompensa o evitar un castigo, no porque deseen ser buenos. Eso no parece una postura muy moral. Quizá acatan las normas porque aman a Dios y desean complacerlo. En ese caso, la recompensa y el castigo son innecesarios, ¿así que por qué están ahí?

De igual manera, un no creyente podría desear ser bueno para complacer a sus semejantes o porque ama la virtud. El humanista puede ser moral-

> ***"Ya sea que el motivo de uno para seguir la palabra moral de Dios sean motivos morales o no. Si lo son, entonces uno está equipado con motivaciones morales, y la introducción de Dios no agrega nada extra. Pero si no son motivos morales, entonces serán motivos de tal clase que no pueden motivar apropiadamente la moralidad... llegamos a la conclusión que cualquier apelación a Dios en esta relación no agrega nada en absoluto o agrega algo equivocado".***
>
> Bernard Williams, 1972.

mente bueno sin una recompensa o castigo, así que quizá el humanista es *más* moral que el creyente. Ciertamente no hay ninguna razón para suponer que la moralidad es el dominio de lo religioso.

Las religiones son deontológicas. Es el deber de un creyente acatar las leyes de Dios. Pero existe más de una religión en el mundo y dan diferentes explicaciones de lo que es bueno. Esto significa una de dos, que algunas religiones (o todas) están equivocadas o que aquello que es "correcto" para una persona no es necesariamente correcto para otra. Desde luego, cada creyente pensará que su concepto es el correcto, ¿cómo un extraño puede escoger entre ellas?

Si eres judío o musulmán, creerás que es erróneo comer salchichas de puerco. Si no lo eres, tendrás que resolver desde tu conjunto de valores personales si debes comerlas. Podrías considerar si piensas que es correcto comer carne o si los cerdos son cuidados humanamente (y si eso te importa).

Al diablo con las reglas

En un mundo ideal, acatar las reglas sería suficiente para conducirnos a la decisión correcta en cada ocasión. Si una estructura moral ha sido construida de forma apropiada, debería actuar como una guía para hacer lo correcto. Pero este es un gran "y que tal si". Con frecuencia, las reglas son

"Te encontrarás con este hecho curioso, que mientras más intensa ha sido la religión de cualquier periodo y más profunda ha sido la creencia dogmática, mayor ha sido la crueldad y peor ha sido la situación existente... Si miras alrededor del mundo, descubrirás que cada pedacito de progreso en los sentimientos humanos, cada mejoría en las leyes penales, cada paso hacia la disminución de la guerra, cada paso hacia un mejor trato para las razas de color, cada acción para mitigar la esclavitud o cada progreso moral que ha habido en el mundo, ha tenido consistentemente la oposición de las iglesias organizadas del mundo".
Bertrand Russell, 1957.

diseñadas para servir los mejores intereses de aquellos en el poder, incluso los códigos morales en la estructura esencial de las mayores religiones.

Friedrich Nietzsche consideró que el cristianismo servía a un propósito político, utilizando la promesa espuria de la vida después de la muerte para mantener oprimida obedientemente a la clase baja en sus puestos. Algunos estudios han descubierto una correlación directa entre el crimen y el comportamiento inmoral y la presencia de la religión en la sociedad, con mayores tasas de crímenes proporcionales con un mayor nivel de creencias o prácticas religiosas. Eso sugiere que las reglas solas no hacen que las personas se comporten de una manera moral.

La flor pensamiento es el símbolo del pensamiento libre, la postura filosófica que dice que las personas deberían basar su pensamiento y decisiones en la razón y la lógica, libre de prejuicios, tradiciones, costumbres, autoridad y cualquier otro tipo de presión intelectual.

En ocasiones, todos nosotros encontramos obligaciones o deberes conflictivos o nos enfrentamos a problemas que exigen que tomemos decisiones difíciles. En ocasiones, las reglas que seguimos por lo común requieren un curso de acción que nos sentimos incapaces de llevar a cabo. Podríamos tener que evaluar afirmaciones conflictivas y escoger aquella que consideremos más importante o más urgente. Si estás en una religión, quizá no puedas ver cómo aplicar su código a un problema complejo, o podrías estar en desacuerdo con este si no parece poder aplicarse al tiempo y lugar en que vives (ver *¿Debemos quemar siempre a las brujas?*). Podrías buscar ayuda

"La realidad del mundo en la actualidad es que la ética básica en la religión ya no es adecuada. Este es el motivo por el cual cada vez me convenzo más que ha llegado el momento de encontrar una forma de pensamiento acerca de la espiritualidad y la ética más allá de la religión en general".
Tenzin Gyatso, 14º Dalai Lama, 2012.

PREGÚNTATE A TI MISMO

A los filósofos les gusta utilizar experimentos mentales para probar sus teorías y normas. Intenta estos tres experimentos mentales para ver cómo tus valores personales te ayudan a tomar decisiones difíciles.

- Conduces un coche con tres pasajeros. Hubo un derrumbe y la carretera está bloqueada más adelante. No hay tiempo para detenerse antes de estrellarte contra las rocas que están en tu camino, pero puedes virar hacia un camino lateral. Por desgracia, hay un joven parado a mitad del estrecho camino. Si das vuelta con toda seguridad lo atropellarás. ¿Virarías hacia el estrecho camino, matando al joven que de otra manera habría vivido? ¿O permanecerías en tu curso original, posiblemente matando a todas las personas en el coche?
- Necesitas una camisa para presentarte en una entrevista de trabajo, pero no tienes mucho dinero. El único lugar donde puedes comprar una camisa es una tienda que vende artículos baratos. Has visto un documental sobre la tienda y sabes que las camisas son fabricadas por trabajadores explotados en el extranjero. No deseas apoyar el pobre trato dado a los trabajadores, pero necesitas una camisa. ¿Qué harías?
- Descubres evidencia de que el gobierno de tu país es terriblemente corrupto. Estarías en peligro si revelas lo que has descubierto, pero muchas personas sufrirán las consecuencias de la corrupción si no lo haces. ¿La darías a conocer?

¿Existen respuestas correctas y erróneas a estas preguntas? ¿Serían las mismas para todos en todas las circunstancias?

de un consejero espiritual o podrías de nuevo usar tus propios recursos.

Solo puedes tomar decisiones morales difíciles si sabes qué pensar, si conoces tus valores personales, cómo llegaste a ellos, cómo puedes defenderlos y cómo concuerdan unos con otros. También habrá momentos en que sucedan hechos terribles. Necesitarás una forma de acomodarlos en tu punto de vista del mundo y tu estructura de valores, o necesitarás ajustar tus puntos de vista para poder explicarlos.

Formas de decidir usando algunos "ismos"

El filósofo inglés Henry Sidgwick (1838-1900) descubrió que las formas en que las personas tomaban decisiones éticas, si no estaban siguiendo reglas, se clasificaban en tres categorías: egoísmo, utilitarismo e intuitivismo.

Egoísmo: Como su nombre sugiere, es complacerte a ti mismo, eligiendo la opción que te proporcionará más placer y menos dolor, sin importar el impacto que tiene en otras personas. Este no parece ser un camino de vida moral. Podría parecer atractivo para comenzar, pero probablemente resultará mal cuando las personas no quieran estar a tu alrededor si eres egoísta de manera constante.

Utilitarismo: Juzga lo moral que es una acción mediante medir el placer y el dolor totales que ocasiona a todas las personas involucradas (ver *¿Debemos Robarle a un Juan para Pagarle a Varios Pedros?*). Una acción es moral si produce más placer que dolor, inmoral si produce más dolor que placer, infalible. Pero en algunas ocasiones es difícil efectuar los cálculos e incluso más difícil seguir el rumbo que los cálculos muestran que es mejor.

Intuitivismo: Depende de nosotros saber intuitivamente lo que es correcto y equivocado, una corazonada o sentido común. Sidgwick creía que el intuitivismo y el utilitarismo iban muy bien juntos, ya que nuestras decisiones instintivas a menudo parecen depender de un sentimiento de que algo que dañará a las personas es erróneo.

Decisiones éticas. Debería, no debería y quizá

Una decisión ética es aquella que requiere que decidas lo que es correcto o moral para hacer, o que requiere que decidas hacer lo que es correcto o evitar lo que es erróneo. Por ejemplo, si encuentras un sobre con dinero que dejaron en una mesa de una biblioteca, probablemente sepas que debes entregarlo. Pero entonces tienes que decidir si en realidad lo entregarás. Podrías persuadirte a ti mismo de que nunca será regresado al propietario correcto, así que podrías también quedarte con el dinero en lugar de dejar que otra persona se quede con él. Podrías pensar que cualquiera que deja dinero por ahí, únicamente debería culparse a sí mismo si no se lo regresan. O podrías entregarlo, a pesar de lo que ocurra con él, porque consideras que es equivocado quedártelo.

Las acciones pueden dividirse en tres categorías para el propósito de un juicio moral:

- **Aquellas que se requieren**, es decir, que debes hacerlas.
- **Aquellas que está permitido** (pero no se requieren), es decir, que podrías hacerlas.
- **Aquellas que están prohibidas**, es decir, que no debes hacerlas.
- Algunas acciones conllevan un acuerdo muy universal. La mayoría de las personas dirían que el matar es malo y así esto se clasifica en la categoría de acciones prohibidas, no *debes* matar personas. Pero en muchos casos, existe desacuerdo sobre la condición moral de una acción. Para algunas personas, comer ciertos tipos de alimentos está prohibido, mientras que para otras está permitido y es una acción que no tiene ninguna condición moral en particular, ya sea buena o mala. En ocasiones, puede haber un completo desacuerdo entre las personas. Algunas consideran la circuncisión de los bebés y los niños como algo éticamente necesario, debido a que su fe lo exige. Otros dirán que es admisible y

En ocasiones la lógica de la moralidad puede parecer estar al revés. ¿Puede ser correcto dañar a los humanos por la causa de protestar en contra del daño a los animales?

no obstante otros dicen que es una violación del cuerpo de alguien que no ha otorgado su permiso y por ello es moralmente erróneo y debe ser prohibido.

¿Qué es lo que sucede y qué debería suceder?

Todos vivimos en sociedades que tienen normas culturales, a menudo reflejadas en la ley. Muchas veces, nos sentimos bastante confiados que lo que debemos hacer es obedecer la ley, pero en ocasiones esto estará en conflicto con lo que pensamos es correcto. Solo porque algo *sucede*, no significa que *debe* suceder.

Hace 200 años, muchas personas en Estados Unidos tenían esclavos. Esto no significa que la esclavitud es o era correcta, pero la situación cambió únicamente porque suficientes personas decidieron que la esclavitud era equivocada. Con el fin de que las sociedades progresen, alguien tiene que querer cambiar la situación, alguien tiene que decidir que lo que *ocurre* no es lo que *debe* ocurrir. Entonces intentarán cambiarlo. Si te encuentras en la posición de pensar que la situación debería cambiarse, necesitarás unos buenos fundamentos para tu pensamiento moral de manera que puedas explicarlo a otros y persuadirlos. Antes de que puedas realmente decidir qué hacer, necesitas saber lo que piensas y la razón por la que lo piensas. Ahí es cuando la filosofía es de utilidad.

Capítulo 16

¿Debemos quemar siempre a las brujas?

¿Hay algunas cosas que son buenas o malas en épocas diferentes o en circunstancias diferentes? ¿O lo que es correcto o incorrecto siempre es correcto o incorrecto?

Está muy bien decidir vivir una vida moral y hacer lo que es bueno, pero existen algunas preguntas acerca de la naturaleza de la moralidad que complican el tema. ¿Lo que es correcto siempre es lo mismo? ¿Y por qué es lo que es bueno, "bueno" de todas maneras?

¿Por qué es bueno lo bueno?

Gastamos mucho esfuerzo en decidir cuáles acciones son buenas, pero la mayoría de nosotros reflexionamos poco sobre lo que significa el "bien" o "moral".

GRANDES PREGUNTAS: METAÉTICA

Existen tres categorías distintas de ética que los filósofos consideran:

- La Metaética se refiere a las preguntas universales de la naturaleza del bien y cómo podemos distinguir entre el bien y el mal, y si lo que es bueno también es bueno en todas las ocasiones y en todos los lugares y si incluso existe el "bien".
- La ética normativa se refiere a qué deberían pensar las personas que es bueno o malo, si ser celoso es malo, si dar una caridad es bueno, etcétera.
- La ética aplicada se refiere a la aplicación de la ética en la vida, rigiendo cómo debemos vivir y lo que debemos hacer. Toma los principios establecidos por la ética normativa y los pone en práctica. Existen varias ramas de ética aplicada. Por ejemplo, la bioética, que trata sobre temas como, si deberíamos usar embriones humanos en la investigación médica y si deberíamos producir organismos modificados genéticamente.

El filósofo británico del siglo XX George Moore concluyó que esto no es algo que podamos definir. Todos tenemos un sentido innato de lo que es correcto y lo que no. Moore dijo que no necesitamos abordar la naturaleza del "bien" ya sea mediante la ciencia o la ética, sino que "esta es una noción simple, tal como 'amarillo' es una noción simple... no puedes explicar lo que el bien es". Esto podría parecer un poco como salirse por la tangente porque no nos proporciona ninguna pista respecto a de dónde proviene este sentimiento o si es posible que sea lo mismo para toda la gente.

Una sugerencia es que lo que es bueno es aquello que le parecería bueno a un observador externo, un ser hipotético con conocimiento completo y quien tiene un dominio absoluto de la razón. Otra propuesta es que lo que es bueno es aquello que un ser omnisciente (alguna clase de dios) consideraría bueno. Esto da surgimiento a la teoría de la "orden divina", el concepto de que las cosas son buenas o malas de acuerdo con lo que un dios ha ordenado. No obstante, esto no responde por completo la pregunta, ya que nos conduce a preguntar: ¿Lo ha ordenado el dios porque es bueno o es bueno solo porque el dios lo ha ordenado? Si es lo primero, todavía existe una fuente de lo "bueno" que se encuentra fuera de este dios ya que no tiene ninguna elección sobre lo que dice que es bueno. Si es lo segundo, todo ello parece más bien arbitrario, ya que todo lo que el dios ha ordenado sería bueno, incluyendo robar o quemar brujas, algo que parece bastante dudoso en la actualidad.

Confiar en una orden divina introduce otro problema. Personas diferentes practican diferentes religiones, no puede ser el caso de que todos los seres divinos son el máximo árbitro de moralidad. De hecho, la mayoría de las personas dirían que solo una religión es la correcta (la suya, desde luego) y que esa es la única que ha establecido el sistema moral correcto. Que haya creencias que difieren no significa que la teoría de la orden divina esté equivocada, sino que hace que sea más difícil tratar con ella.

Si no podemos decir por qué lo bueno es bueno, ¿valdría la pena preguntarse si hay algo al final de cuentas y si acaso el "bien" existe? Esto es parte del tema mayor de si los universales, conceptos abstractos, existen en realidad.

¿Existen las acciones morales?

Es difícil decir si la ética está basada en algo "verdadero". La mayoría de las personas asumen que hay formas en que las cosas en el mundo físico funcionan; por ejemplo, que existe un orden particular de los planetas en el sistema solar, o que el cuerpo procesa los azúcares y las grasas de ciertas maneras. Hay "allá afuera" verdades acerca de estos asuntos. ¿Es lo mismo verdadero para la ética? ¿Hay alguna verdad "allá afuera" que se pueda descubrir acerca de cómo vivir una vida moral? Las religiones intentan persuadirnos de que la hay. Tienen un sistema moral establecido por un ser divino quien ha determinado lo que es correcto y lo que es la "verdad".

Algunos filósofos dicen que existen ideales de justicia, verdad, moralidad, etc., los cuales son independientes de las personas y las sociedades (y los dioses); quizá algo como la idea innata que Moore mencionó o quizá habitando en algún reino de ideas, como el mundo

¿AH, PERO QUÉ ES LA "VERDAD"?

Naturalmente, la filosofía también aborda las preguntas de lo que queremos decir por "verdad". Hay dos teorías importantes que compiten. La teoría de la correspondencia de la verdad consiste en que con el fin de que sea verdad una afirmación debe corresponderse con algo verificable en el mundo real. Esto es lo que la mayoría de las personas quieren decir por "verdad". Así que una afirmación como, "un árbol de hoja caduca pierde sus hojas en el otoño", es cierta. Una afirmación como, "los árboles de hojas caducas son hermosos en otoño", no es cierta debido a que algunas personas ven a los árboles hermosos y otras no. La teoría de la coherencia de la verdad es más difícil de explicar y comprender. Esta afirma que debe haber un sistema coherente en el cual las afirmaciones son verdad con relación una con otra, y que las afirmaciones individuales solo pueden ser verdad si tienen un lugar en el sistema. En este sistema, la física cuántica y la física clásica (que tiene elementos que se contradicen unos a otros) pueden ambas ser "verdad" como sistemas. Las afirmaciones en una teoría del quantum son solo verdad en el contexto de esa teoría. Así que podemos decir que "las partículas ampliamente separadas una de otra pueden actuar juntas instantáneamente" y en el contexto de la física cuántica decir que esto es verdad porque el sistema lo soporta lógicamente, ya sea o no que el mismo sistema sea un modelo correcto del universo. Una afirmación como, "No matarás", no es verdad en el modelo de correspondencia. Este trata de hacer el mundo conforme a su idea al presentar una declaración de facto: No matarás personas. Entonces, si alguien mata a otra persona la declaración se vuelve falsa. En la versión de coherencia de la verdad, la afirmación "No matarás" podría ser cierta.

de Platón afuera de la cueva. En este caso, hay algo que es "bueno" y tenemos que descubrir lo que es.

Una posibilidad alternativa es que en realidad no hay tal cosa como el "bien" o el "mal" y cualquier afirmación de la clase de "matar es equivocado" o "matar es bueno" es falsa. Estas afirmaciones pueden todavía tener significado, incluso sin ser "verdad". Podríamos tomar "matar es equivocado" como normativo, significando "no mates personas", o podríamos tomarlo como algo emocional que expresa desaprobación, "no nos gusta matar". Podría ser mejor volver a frasear "matar es equivocado" para mostrar con exactitud lo que queremos decir: "No mates personas" o "desaprobamos matar personas".

¿Una talla única?

¿Existe en realidad alguna clase de código moral universal genuino que esté detrás de esta elaboración de reglas? ¿Algunas cosas son siempre correctas o incorrectas? ¿Sería posible extraer un grupo de reglas que pudieran y debieran aplicarse en todos los tiempos y lugares?

Si *hay* algún sistema moral general "allá afuera" que tenemos que descubrir, entonces la moralidad es absoluta, no cambia con el tiempo y el lugar. Si no hay un código moral único, la moralidad es relativa, varía entre las culturas.

Esto tiene implicaciones sobre cómo vemos y tratamos a otras personas y a otras culturas y se vuelve cada vez más importante conforme nuestras sociedades se vuelven más multiculturales. ¿Qué tanto debemos respetar, apoyar y proteger los puntos de vista morales de otros?

¿Todo cambia?

El trato diferente de las mujeres en los países árabes y las sociedades europeas puede ocasionar tensión cuando las personas de culturas diferentes viven y trabajan juntas.

En la antigua Grecia era normal tener esclavos y que los hombres adultos tuvieran relaciones sexuales con muchachos. Esto no se consideraba malo. ¿Esto significa que estaban equivocados, pero nadie lo reconocía? ¿O que ese tipo de comportamiento no era equivocado para esa sociedad, pero sí lo es para nosotros? Si adoptamos una postura absolutista, los antiguos griegos estaban equivocados por ser pederastas que poseían esclavos o nosotros somos innecesariamente generosos con nuestros congéneres humanos al no seguir su ejemplo. Si adoptamos una postura relativista, era del todo correcto para los antiguos griegos hacer eso, pero ahora no está bien que nosotros lo hagamos.

Es muy difícil dar un paso fuera de nuestro contexto social para ver cómo podría ser visto por otros. Quizá en unos 200 años nuestros descendientes se asombrarán de que alguien alguna vez consideró

QUEMANDO A ESAS BRUJAS

Para un creyente, hay una intención específica detrás de las palabras de Dios respecto a que debemos ser buenos en todo momento. Las religiones se esmeran por dar a conocer y promover esa intención. Pero los textos religiosos son notoriamente ambiguos, crípticos o contradictorios e innumerables guerras religiosas han surgido de las interpretaciones diferentes de lo que significan las reglas.

Así que el concepto "No dejarás con vida a la bruja" fue interpretado literalmente en el siglo XVII, pero es ignorado en la actualidad. También existe una traducción e interpretación que es muy confusa. La palabra hebrea que se traduce como "bruja" (*chas apah*) podría ser traducida también como "envenenador", un significado que es totalmente diferente y uno que podría haber salvado las vidas de entre 40000 y 60000 personas ejecutadas como "brujas".

Un tribunal moderno encontraría a las "brujas" inocentes. Pero si las personas que las mataron creían verdaderamente que eran culpables, ¿fue esto un acto inmoral? ¿Acaso el relativismo y el Intencionalismo moral constituyen una defensa para la quema de brujas?

aceptable comer animales, o explotar el medio ambiente hasta el grado en que lo hacemos o tener el alcohol y el tabaco como drogas legales. O podrían haber algunas otras objeciones que no podemos siquiera imaginar.

> ***"Llegará el día en que el resto de la creación animal pueda adquirir esos derechos que nunca debieron habérsele negado sino mediante la mano de la tiranía. El francés ha descubierto que la oscuridad de la piel no es razón para que un ser humano sea abandonado a su destino sin rectificar el capricho de un torturador. Llegará un día en que se reconocerá que el número de piernas, la vellosidad (el pelo) de la piel o la terminación del hueso sacro (cola) son razones igualmente insuficientes para abandonar a un ser sensible al mismo destino..."***
> Jeremy Bentham, 1789.

El punto de vista humanista

El primer filósofo occidental en proponer una forma de relativismo cultural fue el ensayista francés del siglo XVI Michel de Montaigne. Al escribir en una época cuando los exploradores contaban historias de las formas extrañas en que las personas vivían en las tierras recién descubiertas, Montaigne argumentaba por tolerancia:

"Las leyes de la conciencia, que decimos nacieron de la naturaleza, han nacido de la costumbre. Cada hombre, manteniendo en una veneración interior las opiniones y comportamiento aprobados y aceptados a su alrededor".

Las personas que critican las terribles condiciones de trabajo en sus países, compran ropa barata fabricada en talleres de explotación laboral en países extranjeros. ¿Es esto moralmente lógico? ¿Son aceptables las malas condiciones de trabajo en el extranjero debido a que la alternativa, pobreza y hambre, es peor? ¿O este es solo un argumento para tranquilizar nuestras conciencias?

Montaigne no creía que todos los códigos y juicios morales eran igualmente válidos, sino que cada individuo debería analizar y reflexionar en el comportamiento apropiado en cualquier contexto particular. Este punto de vista humanista le proporciona a cada persona la autoridad para decidir lo que considera moral, en tanto reflexionen de forma inteligente.

¿ES LA RELIGIÓN UN CASO ESPECIAL?

El método shechita de matanza de animales requerido para la comida judía es incompatible con la práctica del aturdimiento de animales para que la matanza sea más humana. En algunos países, se hacen excepciones para el requisito legal de aturdir a los animales, cuando los matan mediante los métodos tradicionales judíos o islámicos. Este acuerdo le da prioridad a los sentimientos religiosos por encima de los derechos de los animales. ¿Pero hacer esto es lo correcto? ¿De qué forma es la religión "especial" en todo caso?

Líneas en la arena

Tan pronto como permitimos códigos morales diferentes, la tolerancia y la consideración se convierten en asuntos importantes. Ser tolerante y considerado con puntos de vista diferentes a menudo es sencillo, sería de mala educación y desconsiderado para alguien que no es musulmán, por ejemplo, despreciar la observancia del Ramadán de un colega musulmán. Las preguntas más truculentas surgen cuando las reglas morales de una persona perjudican o infringen los derechos de otras personas.

Fuera del grupo que practica la mutilación de los genitales femeninos, ese comportamiento por lo general es considerado horrendo e inmoral. El punto de vista de que es aceptable en algunas sociedades podría en sí mismo ser considerado inmoral. Muchos personajes importantes en el Islam se han pronunciado en contra de ello, pero los grupos que practican esta mutilación femenina, la cual ellos prefieren llamar cirugía genital femenina, defienden su derecho a conti-

En la Edad Media, los cruzados europeos masacraron a miles de inocentes que no eran cristianos con el propósito de llevarlos a la fe "verdadera" y salvarlos de la condenación (aunque con más precisión, las Cruzadas fueron una excusa para el pillaje y el saqueo a gran escala). Un cruzado que creía genuinamente en la propaganda religiosa habría sentido como una obligación moral ir a una cruzada y salvar almas.

DERECHOS EN LUGAR DE ACCIONES

Al hablar en contra de la ley francesa que prohíbe usar símbolos religiosos en las escuelas, la activista antirracismo estadunidense, Sharon Smith, dijo que las mujeres que se oponen a la prohibición combatían la "opresión impuesta por el estado" en la misma forma que las mujeres en Afganistán se oponen a la obligación de usar la burka. El asunto aquí no es si uno es obligado a usar o se le prohíbe usar un artículo, sino que se ha eliminado la posibilidad de decidir hacer lo uno o lo otro.

nuar con ella. ¿En qué punto ya no es apoyado el derecho de alguien a tener creencias diferentes? ¿Existe una diferencia entre prohibir la mutilación genital femenina en Europa y tratar de detenerla en países como Somalia y Etiopía donde esta es muy común? ¿Tenemos el derecho a tratar de imponer nuestra moralidad en otras culturas? ¿O quizá, tenemos una *obligación* moral de tratar de imponer nuestros puntos de vista en otras culturas en algunos casos? (La Organización Mundial de la Salud aprobó en 1994 una resolución que prohíbe la mutilación genital femenina.)

El uso de símbolos o ropas con significado religioso fue prohibido en las escuelas de Francia en 2004. Interpretada como una ley que prohíbe el uso de velos musulmanes (khimar), también se aplica para crucifijos y turbantes.

Lo opuesto a la reglas

Mientras que los códigos morales fijos ayudan a hacer la vida más sencilla, también pueden conducir a dilemas cuando las reglas no parecen muy correctas o no toman en cuenta el contexto. El enfoque adoptado en muchas situaciones en las cuales las decisiones morales tienen que hacerse oficialmente es llamado "casuística". En esta, cada caso es tratado de forma independiente y revisado a la luz de todo conocimiento, circunstancias, consecuencias posibles y contexto para llegar a una decisión que parezca correcta. La casuística opera dentro de un marco legal, pero no tiene que seguir ningún conjunto de reglas morales estrictas. Este es el método utilizado, por ejemplo, por los comités éticos médicos cuando deciden acerca del curso de tratamientos para pacientes individuales. Debido a que las circunstancias de cada paciente difieren, los casos que parecen muy similares pueden tener resultados diferentes.

Nuestras respuestas instintivas a los asuntos morales a menudo hacen referencia al contexto. La casuística formaliza esto. Supongamos que una pareja sin hijos desea una fertilización en vitro financiada por el estado que les permita tener un hijo y que una pareja que ya tiene tres hijos también desea la misma fertilización. Es posible que se le dé prioridad a la pareja sin hi-

"Un hombre debería ser ahorcado únicamente por robar los zapatos de los niños enviados descalzos a su muerte en las cámaras de gases".

Martha Gellhorn, del juicio de Adolf Eichmann, 1962.

jos. Pero ahora supongamos que la pareja sin hijos son unos indigentes alcohólicos y los tres hijos de la otra pareja tienen una enfermedad hereditaria fatal. En este caso se le podría dar prioridad a la pareja que ya tiene tres hijos.

Solo una regla

Una forma de abordar la pregunta de qué es correcto y qué es incorrecto hacer, es considerar lo que quisieras que te ocurriera. Esto no es infalible, ya que las personas tienen diferentes prioridades y preferencias, pero es un buen comienzo.

Con frecuencia llamada la Regla de Oro, ha sido propuesta por muchos filósofos y religiones desde los tiempos de la antigua Babilonia. Esta es una doctrina de reciprocidad, lo que significa que es una relación de dos direcciones que establece tanto tus obligaciones con otros y las de ellos hacia ti. Existen afirmaciones positivas y negativas de esto:

- Trata a otros como te gustaría que otros te trataran.
- No trates a otros de una forma que no te gustaría ser tratado.

Immanuel Kant intentó algo similar cuando dijo:

"Obra solo de acuerdo con esa máxima que, al mismo tiempo, deseas que se convierta en una ley universal" (1785).

Kant llamó a esta regla el "imperativo categórico". No obstante, negó que esta fuera la misma que la Regla de Oro, ya que no tiene elemento de reciprocidad, no tiene que ver con lo que *tú* deseas y cómo *te* gustaría ser tratado, sino sobre lo que es mejor para todos.

Capítulo 17

¿"No era mi intención", lograr algo?

¿Qué es más importante para juzgar las acciones, las intenciones o las consecuencias?

En algún momento, todos hemos hecho algo que ha dañado o molestado sin querer a alguien. Quizá hayas argumentado, "pero no tenía intención de hacerlo", con la esperanza de que la situación mejorará un poco. Y todos hemos sido perjudicados involuntariamente por las acciones de otras personas y sentimos que el que nos digan "no tenía intención de hacerlo" tiene poco o ningún efecto. ¿Qué tanto cuentan las intenciones?

Intenciones y consecuencias

Considera esta situación: Dos amigos imprudentes salen a tomar unas copas y luego conducen en sus coches de regreso a casa. Uno atropella a una mujer y la mata. El otro se pasa un alto en una calle vacía y es detenido por la policía. El primero es encarcelado por ocasionar una muerte al conducir de forma imprudente. El segundo es multado y se le suspende la licencia para conducir.

Ese mismo día, un hombre tiene una pelea con su esposa. Cuando ella abandona la casa, él se sube a su coche y la sigue, entonces deliberadamente la atropella. Le dan una larga condena en prisión por asesinato.

Los dos primeros conductores tenían la misma intención, llegar a casa con rapidez sin gastar dinero en un taxi, pero las consecuencias de sus acciones idénticas fueron muy diferentes. El tercer conductor tuvo una intención diferente, dañar a su esposa, pero las consecuencias fueron las mismas que las del primer caso. ¿Cómo debería uno calificar las intenciones y las consecuencias al decidir cuál es la moralidad de estas acciones?

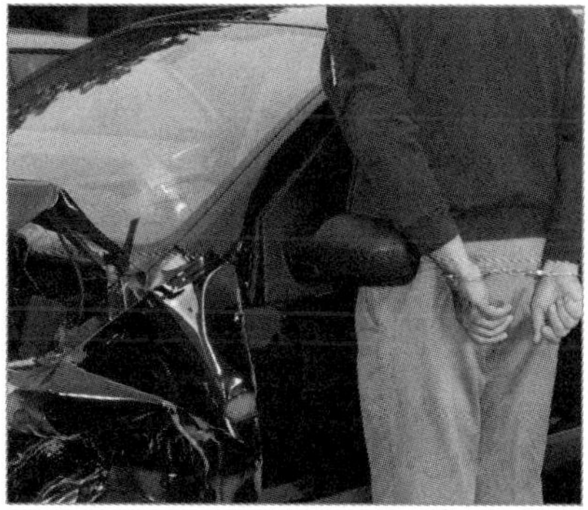

¿Es correcto que un conductor ebrio reciba una sentencia más larga porque fue desafortunado y se encontró con un peatón (o que el otro reciba una sentencia más breve porque fue lo suficiente afortunado para no encontrárselo)? ¿Es correcto que el conductor asesino reciba una sentencia más larga que el conductor ebrio, a pesar de que las consecuencias fueron las mismas?

¿Cuentan las intenciones?

De acuerdo con Immanuel Kant, el resultado de una acción no importa realmente en tanto nuestras intenciones sean buenas. Así que si una persona se arroja a un río para salvar a una persona que se ahoga, es digno de elogio ya sea que salve o no a la persona. Incluso las intenciones que resultan frustradas negativamente cuentan. Si alguien intenta hacer el bien, pero involuntariamente causa un daño, la acción es una buena acción porque las intenciones eran buenas. De forma similar, si alguien intenta hacer una mala acción pero falla y tiene un resultado benéfico, la acción continúa siendo inmoral.

Todo es con respecto a ti

El punto de vista de Kant es intencionalista, es decir, que la moralidad de una acción comienza y finaliza con las intenciones detrás de ella.

Incluso si uno de los niños se asfixia con los caramelos, compartirlos sigue siendo una buena acción, según el punto de vista de Kant.

Esto hace que cada acción esté relacionada con el perpetrador y no con la persona o gente afectadas, una posición filosófica ideal para la generación "yo". Juzgar la acción es entonces juzgar a la persona que la lleva a cabo. Exactamente la misma acción puede ser considerada más o menos buena moralmente, dependiendo de las intenciones detrás de ella.

Si adoptamos un punto de vista puramente intencionalista, ambos conductores ebrios serían tratados de la misma manera, ya sea ambos resultando con la licencia suspendida o ambos encarcelados.

Sufre las consecuencias

El punto de vista opuesto es el consecuencialista, este considera el resultado (las consecuencias) como lo más importante al decidir cómo juzgamos la acción. En un punto de vista puramente consecuencialista, la intención detrás de una acción es irrelevante. De alguna forma esto es atractivo a nuestro sentido de justicia. Significa que el conductor ebrio que mata a alguien es castigado con mayor dureza que el conductor ebrio que no mata a nadie, debido a que ha causado más daño.

Pero aquí hay más en juego que las intenciones y las consecuencias. La acción de conducir en estado de ebriedad se ubica dentro de un esquema mayor de justicia, retribución y disuasión. Necesitamos

SIR GOWTHER: ¿HÉROE O VILLANO?

La historia medieval de sir Gowther aborda de frente el dilema intencionalista y consecuencialista, y añade la consideración del libre albedrío y el determinismo por si acaso. Sir Gowther es concebido cuando su madre es violada por un demonio. De niño, lleva a cabo toda clase de acciones atroces, haciendo caer monjas de acantilados y mordiendo a sus nodrizas. Esto es fácil de explicar porque él es, después de todo, un engendro del diablo. Su comportamiento no mejora conforme tiene más edad. Finalmente, alguien le explica a Gowther que es malo debido a que es demoniaco, así que solo está actuando de esta manera a causa de su destino. Esto lo afecta enormemente, ya que su única ambición es actuar de una forma perversa espantosa. Con el fin de ser tan diferente como sea posible, decide comportarse bien. De ahí en adelante, lleva a cabo buenas acciones y desafía las expectativas de todos. ¿Son las acciones de Gowther moralmente buenas? Su intención no era hacer el bien, sino actuar perversamente al hacer el bien.

que nuestras sanciones legales tomen en cuenta tanto las consecuencias reales como las *posibles*.

Una sanción demasiado ligera sugiere una ofensa que no es seria. Esto deja a las víctimas sintiéndose subestimadas y no disuade a otros de cometer la misma acción. Por otro lado, las sanciones son demasiado severas. Si todos los sentenciados por conducir en estado

EL CÓDIGO PENAL SANGRIENTO

Durante el siglo XVIII, la pena de muerte fue impuesta en Gran Bretaña para un número cada vez mayor de delitos. Para el año 1800, había 220 delitos con pena capital, incluyendo "estar en la compañía de gitanos durante un mes", "fuerte evidencia de maldad en un niño de entre 7 y 14 años de edad" y "usar un disfraz mientras se comete un crimen". (Se presume que este último recibía dos sentencias de muerte, uno por el disfraz y el otro por el crimen.) Estas penalidades tenían la intención de tener un efecto disuasivo; como George Savile dijo en el siglo XVII, "los hombres no son ahorcados por robar caballos, sino para que los caballos no sean robados".

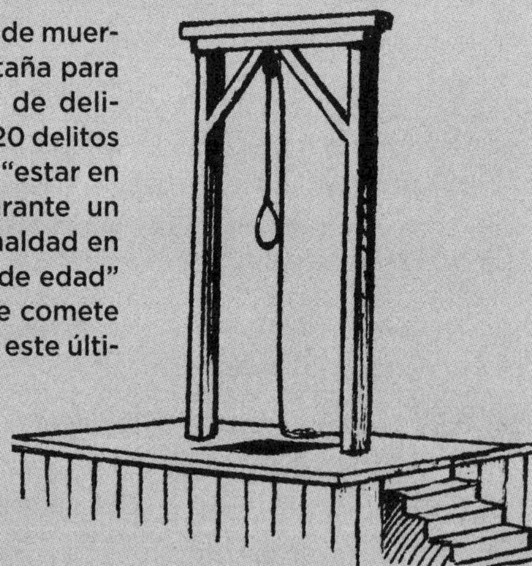

de ebriedad fueran sentenciados como si hubiesen matado a alguien, esto conduciría a otros delitos, como la gente huyendo de la escena, incluso de un accidente menor.

El sentir de que la pena de muerte era injusta condujo a rehusarse a imponerla. Los jurados comenzaron a declarar a las personas evidentemente culpables como inocentes y las sentencias impuestas a menudo eran condonadas o abandonadas: de 35 000 sentencias de muerte impuestas entre 1770 y 1830, solo 7 000 fueron llevadas a cabo. En lugar de aplicar la pena de muerte, los tribunales comenzaron a imponer el traslado y la reubicación obligatoria a Australia, en ese entonces una colonia británica. La ley fue reformada en 1823, eliminando la pena de muerte para todos los crímenes, excepto por asesinato y traición.

LECCIONES DE LA ANTIGUA CHINA

En el siglo V a. C., el filósofo chino Mozi propuso la forma más antigua de consecuencialismo. No prestaba atención a la bondad de los individuos sino que observaba las consecuencias de una acción desde el punto de vista de su efecto en toda la sociedad. Lo más benéfico para una sociedad eran un orden social estable, riqueza suficiente y una población en aumento. Ya que vivía en una época de guerras frecuentes y hambrunas, el crecimiento de la población era una idea importante si un estado iba a sobrevivir en lugar de ser superado por los estados vecinos.

¿Cómo juzgamos las consecuencias?

El consecuencialismo expone la pregunta de cómo juzgamos si las consecuencias son buenas o malas, y quién hace ese juicio. Este puede implicar evaluar los efectos en diferentes personas o grupos, un enfoque utilitario. También podría haber consecuencias a largo y a corto plazo que muestren una acción en diferentes aspectos.

Las consecuencias pueden ser más o menos predecibles. En ocasiones, es imposible para alguien pronosticar las consecuencias de sus acciones. Supongamos que cuando era un niño pequeño, Adolfo Hitler hubiese caído a un río. Un buen samaritano que pasaba por el lugar habría salvado al niño. A corto plazo, esta es una buena acción con buenas consecuencias y el salvador del niño podría esperar ser elogiado. Pero con el beneficio de poder ver en retrospectiva, podemos decir que quizá habría sido mejor dejar que el niño Adolfo se ahogara si las consecuencias de salvarlo incluían la Segunda Guerra Mundial y el Holocausto. ¿Seguramente no se puede culpar a nadie por no ser capaz de predecir el futuro distante?

Una línea dura del consecuencialismo dirá que una acción es errónea si las consecuencias son malas, no importa si pueden ser o fueron pronosticadas por alguien, pero pocas personas dejarían ahogarse a un niño con base en la escasa probabilidad de que crezca para convertirse en un criminal de guerra.

Ahora supongamos que compras un juguete barato para un niño. Está mal fabricado y está defectuoso, pero no te das cuenta. Se rompe y el niño se lesiona. Las consecuencias eran predecibles, alguien podía haberse percatado de que el juguete estaba defectuoso y tú no te diste cuenta; sin embargo, las consecuencias no se previeron y no fueron intencionales. ¿Fue esa una acción moralmente mala? ¿Qué tal si te hubieses dado cuenta que el juguete estaba defectuoso, pero pensaste que eso no importaría? Entonces las consecuencias habrían sido predecibles y previstas, pero no intencionales. ¿Fue algo malo darle al niño el juguete? Solamente si hubieses esperado que se lesionara con el juguete las consecuencias hubiesen sido predecibles, previstas e intencionales.

¿Quién debería imaginarse las consecuencias posibles? Si le dejamos esto a cada individuo, terminaremos con la rara posición en la cual una persona más inteligente es más culpable por sus errores ya que podría haber sido más capaz de prever las consecuencias. Algunos filósofos sugieren que un observador hipotético bien informado pero imparcial podría ser el juez. Esto es más bien como el jurado ideal en la ley inglesa, "el hombre en el autobús Clapham", es decir, una persona bastante normal sin ningún hacha para destazar, ni ninguna psicosis que pudiese llevar a un juicio inequitativo, etcétera. Otros filósofos dicen que únicamente un observador omnisciente puede realmente juzgar. Eso vuelve muy difícil para cualquiera estar seguro que ha tenido el cuidado suficiente en evaluar las posibles consecuencias de sus acciones.

La primera posición es más liberal y por consiguiente funcional, y permite que alguien, si ha tenido el debido cuidado para descubrir las consecuencias probables, actúe de forma responsable. La posibilidad de ocasionar un accidente por conducir después de haber ingerido bebidas alcohólicas no es muy remota. Por consiguiente, el conductor ebrio es negligente al ignorar el riesgo, el accidente que es previsible para un observador informado. La posibilidad de que un niño que salves de ahogarse se convierta al crecer en un criminal de guerra es poca y no es predecible, así que sacar a Adolfo del río sigue siendo una acción buena.

La conclusión del consecuencialismo es que ninguna acción es en su origen correcta o equivocada ya que su resultado determinará su moralidad. Incluso acciones que parecen sin lugar a dudas inmorales podrían parecer correctas en algunas circunstancias.

¿Deberíamos solo seguir las reglas?

La vida sería tediosamente inactiva si tuviésemos que considerar la posibilidad y las probables consecuencias de cada acción. En lugar de ello, podemos usar el método rápido de basarnos en las reglas legales o religiosas que la sociedad ha establecido. A esto se le llama "consecuencialismo de regla". Nuestros sistemas reglamentarios por lo general están basados en un enfoque consecuencialista: concebimos reglas con base en lo que podría ocurrir en diversas circunstancias. Estas expectativas se derivan de la experiencia pasada. Ya que el conducir en estado de ebriedad con frecuencia tiene un mal resultado, es ilegal. Pero hay circunstancias en las cuales las reglas no son una guía muy buena. Cada país tiene reglas en contra de matar personas, pero si un hombre con una pistola dispara en un salón repleto de niños, un maestro que lo matara sería considerado un héroe.

Evaluar cada acción individualmente se denomina "consecuencialismo del acto". El maestro valiente que mató al pistolero seguía este método. Elegir de forma cotidiana cómo actuar no es muy práctico, ya que cada persona debe evaluar la posibilidad y los resultados probables de cada acción antes hacer algo. La vida sería muy lenta e impredecible ya que las personas evaluarían las situaciones y las acciones de manera diferente. En algunos casos, la demora al decidir produciría por sí misma un resultado negativo. Alguien con una sabiduría práctica tomaría mejores decisiones que una persona inexperta, más joven o menos inteligente, así que la eficacia sería desigual. Muchas personas le darían prioridad a las consecuencias benéficas para ellos y sus familias, en tanto que el consecuencialismo de la regla le daría prioridad a los beneficios para la comunidad como un todo o para la mayoría. En casos excepcionales, como el del maestro que se enfrenta al pistolero, el consecuencialismo del acto puede proporcionar los mejores resultados.

Una posición de compromiso es un consecuencialismo de dos niveles, asociado con los filósofos R.M. Hare y Peter Singer. Este combina el consecuencialismo del acto y el de la regla. Si las consecuencias de una acción pueden predecirse de forma confiable, se mantiene un consecuencialismo del acto. Si las consecuencias son demasiado difíciles de predecir, entra en acción el consecuencialismo del acto.

"El mejor argumento para el consecuencialismo de la regla es que lleva a cabo un mejor trabajo que sus rivales de igualar y unir nuestras convicciones morales, así como ofrecernos ayuda con nuestros desacuerdos e incertidumbres morales".
Brad Hooker, profesor de Filosofía, Universidad de Reading.

LA DOCTRINA DE LAS ACCIONES Y LAS OMISIONES

En algunos casos, las acciones y los fracasos para actuar son considerados como equivalentes en términos morales. Así, si pudiste salvar a alguien al no hacer algo, como no revelar el paradero de alguien a los criminales que lo buscan, entonces una omisión al actuar es una acción moral del mismo tipo que darle a la persona un lugar para ocultarse. Pero en algunos casos, las acciones y omisiones son tratadas de forma diferente. Por ejemplo, en la ética médica, el mismo resultado, el fallecimiento de un paciente con una enfermedad terminal, podría ser resultado de no proporcionarle tratamiento o desconectar el aparato que lo mantiene vivo o colocar una almohada sobre el rostro del paciente. Un comité de ética médica podría aprobar cualquiera de las primeras dos opciones, pero no la tercera. La primera es una omisión, la tercera es una acción y la segunda es algo intermedio, una omisión que se convierte en una acción.

Capítulo 18

¿Todo se vale en la guerra (y el amor)?

¿Podemos excusar muchas acciones diciendo que el fin justifica los medios, pero esto es verdad? ¿Quién decidirá si es así?

Fines y medios

No es de sorprender que el punto de vista que la moralidad de una acción depende de sus consecuencias se denomine consecuencialismo (ver *¿"No era mi intención" lograr algo?*). Cuando hablamos acerca de que los fines justifican los medios, los fines son las consecuencias que se intentan.

Si el fin justifica los medios dependerá de:

- Si los fines son justificables de todas maneras.
- Si los fines se lograron.
- Los medios que se emplearon.

Supongamos que un estado invade a otro con la intención de derrocar a un dictador terrible, dejemos a un lado por ahora la pregunta de si ese estado tenía algún derecho de involucrarse en los asuntos internos de otro estado. Si el estado invasor logra su objetivo con rapidez y sin derramamiento de sangre, pocos lamentarán la acción. Pero si el estado invasor mata 100 000 civiles, ¿los fines justificarían los medios? ¿Qué pasaría si el estado invasor mata a 100 000 civiles y aun así fracasa en derrocar al déspota? ¿Los fines justificarían la masacre? La intención era la misma, pero las consecuencias son diferentes.

¿Guerra justa?

¿Cuándo se justifica la guerra? Podría ser agradable decir que nunca se justifica, pero la mayoría de las personas aceptarían que si nadie está preparado incluso para defenderse pronto seríamos invadidos por tiranos usurpadores de tierras. La idea de justificar la guerra es antigua. Intenta reconciliar dos principios en conflicto:

- Que es erróneo matar personas.
- Que los estados tienen el deber de defender a sus ciudadanos y la justicia.

En ocasiones la fuerza y la violencia parecen ser los únicos caminos para defender vidas inocentes.

El romano Cicerón argumentaba que la única justificación para la guerra era la "venganza justa" o la defensa propia. Incluía la defensa del honor, así que esto le daba más apoyo. Afirmaba que una guerra solo podía estar justificada si había sido declarada y si se había intentado la compensación por los daños y esta había sido rechazada, con la guerra como la acción de último recurso.

San Agustín creía que la guerra era siempre un pecado, pero también reconocía que siempre habrá guerras. Decidió que en ocasiones eran permisibles en tanto fueran libradas para detener el pecado. Esto podría significar rechazar a unos invasores, deponer a déspotas crueles, etcétera. Sin embargo, el término "pecado" es problemático. Los cruzados creían que los musulmanes eran infieles pecadores, así si una guerra de la religión podía convertirlos, podría detener el pecado. Eso evidentemente no sería algo aceptable en la actualidad. Todas las religiones podrían adoptar la misma idea y podríamos estar combatiendo para siempre para impedir el pecado de las personas que siguen la religión equivocada. San Agustín también permitió la guerra como un castigo, lo cual ahora no sería considerada como una causa justa. Ni Cicerón ni San Agustín aprobarían una guerra librada por motivos de crueldad o deseos de extender el territorio de un estado.

> ***"No buscamos la paz con el fin de estar en guerra, sino que vamos a la guerra para que podamos tener paz. Por lo tanto, sé pacífico en la guerra, de manera que puedas derrotar a aquellos con los que combates y llevarlos a la prosperidad de la paz. Una guerra justa no será descrita como una que venga los errores cuando una nación o un estado tiene que ser castigado, por rehusarse a reparar los daños cometidos por sus súbditos o para restaurar lo que ha capturado injustamente".***
> San Agustín, siglo IV.

San Agustín consideró una guerra justificada si era el menor de dos males o impedía un mal mayor. Tomás de Aquino, 800 años después, consideró los medios empleados en la guerra, el "***jus in bello***". Duran-

ELEMENTOS DE UNA GUERRA JUSTA

Una guerra solo puede ser considerada justa si cumple con dos requisitos:

- *Jus ad bellum:* Si el uso de la fuerza militar está justificado.
- *Jus in bello:* Si la conducta en la guerra es ética, por ejemplo, un trato justo a los prisioneros.

te el siglo XVI, se establecieron los principios que se han vuelto bastante generales.

Juzgando los fines

Con el fin de juzgar si los fines son buenos, necesitamos una medida de lo "bueno". Esto no es tan sencillo como parece. En términos generales, es mejor estar vivo que muerto, es mejor estar en libertad que en prisión (a menos que las personas libres estén pasando hambre y los prisioneros sean alimentados). Pero algunos otros argumentos son debatibles. ¿Deberíamos derrocar a un dictador para llevar la democracia a un país? ¿Quién dice que la democracia es algo bueno?

Medidas extraordinarias

En tiempos de guerra y emergencia a menudo operan reglas diferentes. Los soldados son fusilados por desertar, los saqueadores son fusilados por pillaje en las ruinas de un temblor o en las tiendas sin protección, y personas inocentes son interrogadas y encarceladas por si acaso representan una amenaza a la nación. Durante la Segunda Guerra Mundial, los residentes japoneses en Estados Unidos y los residentes italianos en el Reino Unido estuvieron entre aquellos que fueron enviados a campos de internamiento a pesar de que no había evidencias que sugirieran que trabajaban para el enemigo. La mayoría de las personas pensaron que este era el menor de dos males, que había menos daño en encarcelar a personas inocentes, que quizá poner en peligro a toda la población. Esta es una forma utilitarista de decidir si los fines justifican los medios.

Una alternativa es ni siquiera tratar de justificar los medios. Algunos filósofos políticos han argumentado que en la guerra, cualquier medio está justificado si el fin (que es el motivo de la guerra) está justificado. Si civiles inocentes tienen que morir para asegurar una victoria rápida, así deberá ser. Otros creen que algunas acciones son intrínsecamente inmorales, como bombardear hospitales, y que nunca pueden ser justificadas. En términos prácticos, la brutalidad de la guerra a menudo puede rebasar las posiciones éticas. Algunos filósofos han adoptado un punto de vista pragmático y dicen que los juicios éticos no pueden aplicarse en la guerra. Otros han ido más lejos y dicen que la guerra se encuentra fuera del ámbito de la ética en su totalidad.

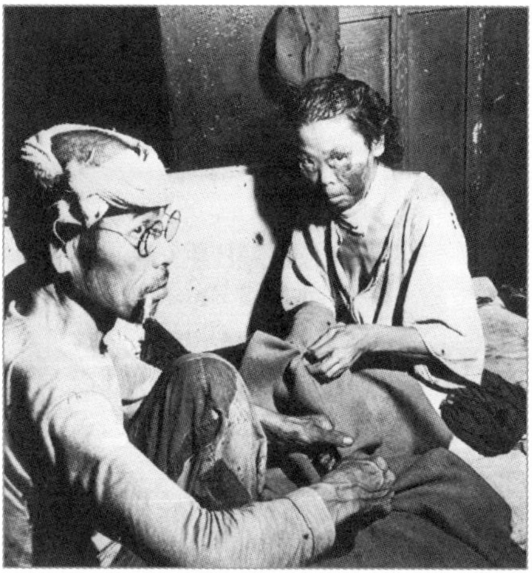

¿Puede el enorme costo humano de las armas nucleares estar justificado en cualquier causa militar?

El punto de vista del dictador

Nicolás Maquiavelo, que escribió en su obra *El Príncipe* una guía para los líderes políticos, creía que los fines siempre justifican los medios mientras los fines sean los correctos. Para un príncipe (un líder político) esto significa conservar el poder. Maquiavelo fue amoral más que inmoral. Las medidas que recomendaba están dirigidas únicamente a ser un gobernante exitoso. Descartó el despotismo no debido a que era algo equivocado sino porque los déspotas atraen enemigos y tienen más posibilidades de ser derrocados.

> ***"Un nuevo príncipe no puede preocuparse de que lo acusen de cruel, porque aquel que reprime los desórdenes con unos pocos castigos ejemplares, al final, será el más clemente".***
> Maquiavelo, 1532.

¿SE JUSTIFICA LA TORTURA ALGUNA VEZ?

En fechas más recientes, el empleo de la "rendición extraordinaria", donde los sospechosos son enviados a países donde se permite la tortura y métodos como el "ahogamiento simulado", ponen en tela de juicio el tipo de comportamiento permitido en una guerra y los medios que podrían o no estar justificados para lograr los fines.

Es posible expresar un argumento utilitarista en favor del empleo de la tortura: si no se puede obtener información que protegerá a personas inocentes, el daño al prisionero torturado podría ser compensado por un beneficio mayor. Los argumentos en contra de la tortura pueden ser pragmáticos (esto no funciona) o éticos. Un argumento es que nuestra posición moral se reduce por involucrarnos en comportamientos que no son éticos como la tortura, es decir, que es espiritualmente dañino para el perpetrador. Aquellos a favor de usar la tortura a menudo la llaman algo diferente, como "técnicas de interrogación mejoradas". Esto reconoce que la tortura es considerada como inaceptable (e ilegal según los tratados internacionales) e intenta desviar la mala publicidad. ¿Acaso la deshonestidad solo agrava la inmoralidad y si no hay ninguna diferencia cómo se le llama?

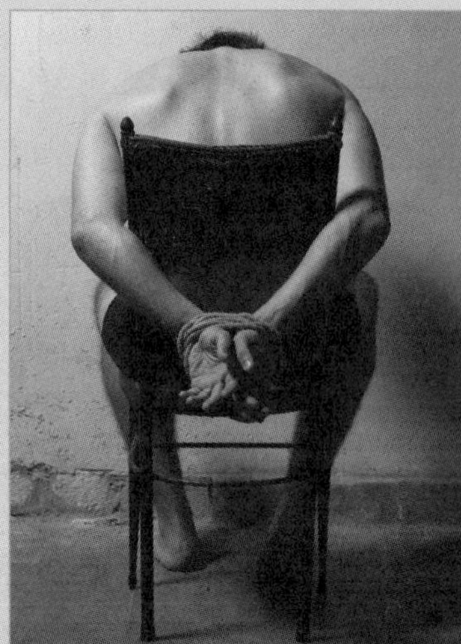

Capítulo 19

¿Podemos crear una sociedad perfecta?

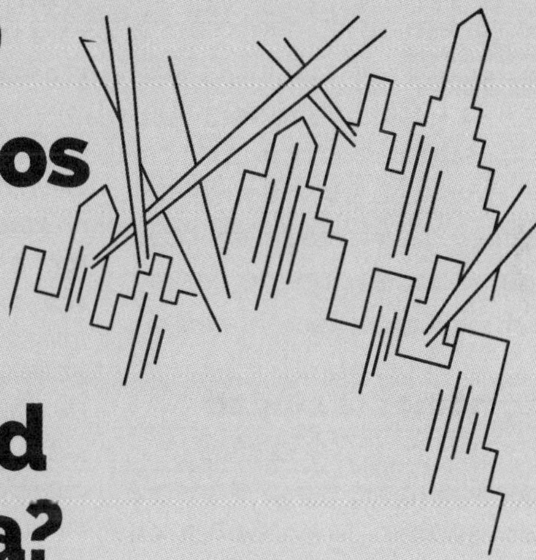

¿Siempre debe haber pobres y los políticos siempre deben ser corruptos? ¿O la situación podría ser mejor? ¿Y cómo sería esto?

La mayoría de nosotros se queja de la sociedad moderna y de nuestros gobiernos regional y nacional, eso no es nada nuevo. Todas las administraciones públicas en la historia podrían haber tenido escrito en su boleta de calificaciones "podría haberse hecho mejor". ¿Pero es posible que alguna sociedad hubiese podido hacerlo lo suficientemente bien?

> ***"Cuando varios pueblos están unidos en una sola comunidad completa, lo suficientemente grande para ser casi o muy autosuficiente, el estado comienza a existir, originándose en las necesidades básicas de la vida y continuando en existencia para asegurar una buena vida. Y, por consiguiente, si las formas anteriores de la sociedad son naturales (por ejemplo, la familia y el poblado), así es también el estado, porque este es el fin de ellos, y la naturaleza de las cosas es su fin. Porque cada cosa es, cuando está totalmente desarrollada, lo que decimos es su naturaleza propia, ya sea que estemos hablando de un caballo o de una familia".***
>
> Aristóteles, *Política.*

Imaginemos la ciudad

Han transcurrido 2400 años desde que el antiguo filósofo griego, Platón, escribió *La República*, en la cual analiza qué es lo mejor para gobernar un estado hipotético.

El modelo de Platón tenía a reyes filósofos a cargo del gobierno, con considerables restricciones en lo que podían hacer. Desde su punto de vista, únicamente los filósofos pueden ver la "forma" (ideal metafísico) de la justicia y de esta manera están mejor equipados para tratar de aproximársele en una sociedad. Platón no era un partidario de la democracia y la consideraba la segunda peor forma de gobierno después de la tiranía.

A pesar de que los tiranos quizá parecen disfrutar una buena vida, Platón nos asegura que un tirano "nunca saborea la verdadera libertad o amistad".

El ideal de Platón ha sido criticado por promover el totalitarismo. Para ser justos, escribió más de dos milenios antes de que hubiésemos tenido algún régimen totalitario, así que no podía haber sabido lo tremendamente mal que esto podía resultar.

Otra famosa sociedad imaginaria se describe en el libro *Utopía*, escrito por Tomás Moro (1516). No resulta claro si lo que intentaba era mostrar un ideal o solo una crítica satírica de la Inglaterra de la época. En *Utopía* no existe la propiedad privada y todos los bienes son mantenidos en bodegas y entregados a las personas que los necesitan. Las casas son idénticas y los inquilinos se tienen que mudar cada diez años para evitar que se vuelvan demasiado apegados a una casa. Cada inquilino tiene dos esclavos, quienes son traídos de los países vecinos o son criminales de Utopía. Todos visten igual y deben trabajar en granjas a intervalos regulares. También aprenden algún otro oficio y todo el que está sano debe trabajar; hombres y mujeres trabajan por igual en todos los trabajos. Los funcionarios de la clase gobernante son seleccionados de entre aquellos niños que son identificados a una edad temprana como bien dotados para aprender y

LA REPÚBLICA IDEAL

En la república ideal de Platón no existe discriminación entre hombres y mujeres, a quienes se les enseña lo mismo y son capaces de ejecutar las mismas funciones. No hay esclavos, pero por otro lado existe una jerarquía social (cuatro estados o clases de personas) y la movilidad social es mínima. Los niños son criados en una comuna sin conocimiento de sus padres y los adultos son emparejados para la reproducción con base en un criterio genético. Esto erradica los lazos familiares que pueden llevar al nepotismo y forja fuertes nexos de lealtad con el estado y el "bien" comunal. A los jóvenes se les enseña únicamente temas útiles, no poesía u otro arte innecesario. A las clases gobernantes no se les permite la riqueza, ya que esta puede conducir a la corrupción, pero los productores pueden ser ricos o pobres. Los reyes filósofos son elegidos de la clase guerrera y están sujetos a las más estrictas restricciones. Son educados durante 50 años antes de ser convocados a gobernar.

luego son educados especialmente. Los funcionarios solo permanecen en el cargo durante el tiempo en que son eficientes en sus empleos. El oro se usa para hacer cadenas para criminales, así que no es venerado; las joyas son usadas por los niños y se entregan en la adolescencia cuando son consideradas infantiles.

> ***"La vida en Utopía de Moro, como en la mayoría de las otras, sería intolerablemente aburrida. La diversidad es esencial para la felicidad y en Utopía difícilmente hay alguna".***
> Bertrand Russell, 1945.

Ha habido numerosas ciudades estado ficticias subsecuentes que verdaderamente proponen una forma ideal de gobierno o que satirizan la sociedad inadecuada de los autores. Al proponer cómo debe ser gobernado un estado ideal, todos proponen la pregunta, ¿es posible una sociedad perfecta?

Hay similitudes entre la utopía de Moro y estados comunistas como la desaparecida URSS.

¿Todos juntos?

Tanto Platón como Moro adoptaron un punto de vista colectivista, se enfocaron en la sociedad como un organismo, en su derecho propio de que es más que la suma de sus individuos que la constituyen. Sería agradable pensar que lo que es bueno para la sociedad como un todo también sirve mejor a los ciudadanos individuales, pero este parece no ser el caso. Hay probablemente pocas personas a quienes les agradaría vivir en una sociedad donde sus parejas fuesen escogidas para ellos con base en la genética y sus hijos fuesen alejados de ellos para una crianza comunal, donde no puedan escoger la decoración de sus hogares o las ropas que usan o el trabajo que desempeñan. Estas estrategias están dirigidas a reducir la envidia, la discordia y los trastornos y así crear una sociedad que funcione sin complicaciones, proporcione lo suficiente para las necesidades de todos y sea exitosa. Pero no es un lugar donde muchos de nosotros elegiríamos mudarnos.

En la actualidad, le damos más importancia a las libertades y elecciones personales y a expresar nuestra individualidad. La mayoría de las personas protestan en contra de demasiados reglamentos por parte del estado y lo equiparan, peyorativamente, a los estados regulados en exceso de ciertos países comunistas. Quizá nuestro punto de vista ha cambiado porque ahora, al menos en el mundo desarrollado, muchas de nuestras necesidades básicas son satisfechas. Nuestras prioridades han cambiado desde la época de Platón, nos hemos vuelto más exigentes.

A pesar de que casi todos los científicos en la actualidad están de acuerdo que el cambio climático es ocasionado por la actividad humana, el mundo no le da prioridad a medidas para protegernos a todos por encima de medidas para ayudar a los individuos a lograr sus metas personales.

¿Por qué tenemos una sociedad?

Si la sociedad se encuentra siempre en un estado de tensión entre los requisitos para el grupo y los requisitos para el individuo, ¿por qué la tenemos?

Aristóteles creía que las personas se unen de forma natural para formar las sociedades. Nos beneficiamos de la vida comunal, la cual nos proporciona seguridad, una mayor variedad de productos de la que podríamos reunir solos y los beneficios de la compañía. Por este motivo, estamos dispuestos a intercambiar algunas libertades por los beneficios mayores ofrecidos por vivir en una sociedad y estar en un "contrato social".

El filósofo inglés del siglo XVII, Thomas Hobbes, adoptó un punto de vista más sombrío de la humanidad. Creía que si no viviésemos en sociedades, estaríamos todos en contra de todos y perpetuamente peleando unos con otros, sin hacer nada de pro-

> ***"En tal condición (el hombre natural, fuera de la sociedad) no hay lugar para la industria, porque el producto es incierto y en consecuencia, no hay ninguna cultura de la tierra, ni navegación, ni el uso de artículos que pueden importarse por el mar, ni edificios cómodos, ni instrumentos de movimiento y remoción, ya que estos requieren mucha fuerza, ni ningún conocimiento de la faz de la tierra, ni registro del tiempo, ni artes, ni letras, ni sociedad y lo que es peor de todo, existe un continuo temor y peligro de una muerte violenta, así como la vida del hombre solitaria, pobre, sucia, brutal y corta".***
>
> Thomas Hobbes, *El Leviatán*, 1651.

vecho. Es preferible la sociedad porque significa que no tenemos que vivir mirando por encima de nuestros hombros si alguien se aproxima con un garrote. Renunciamos a los derechos naturales a cambio de crear obligaciones morales para la formación de un contrato social, pero esas obligaciones nos protegen.

Hobbes enumera las leyes de la naturaleza, aunque dice que no pueden ser llamadas realmente "leyes" ya que no hay nadie que las haga cumplir. Las primeras dos son más importantes: (1) todo hombre debe ser considerado con derecho a todas las cosas; (2) todo hombre debería estar dispuesto a renunciar a ese derecho si todos los demás hacen lo mismo. Las personas racionales desearán unirse a una comunidad, y elegir ser gobernados por otro u otros en "la previsión de su preservación y de una vida más feliz". Consideraba que los deseos humanos son tan variados que intentar edificar una sociedad tratando de cumplirlos todos sería imposible. En lugar de ellos, sentía que la sociedad podía ser edificada evitando el peor de los males, la muerte violenta, ya que la mayoría de las personas estarían de acuerdo que es algo malo.

Obligado a ser libre

Lo opuesto al punto de vista de Hobbes es que la humanidad es más noble en el "estado natural" que al vivir en sociedad. El filósofo francés del siglo XVIII, Juan Jacobo Rousseau creía que el humano natural es de espíritu noble y que son las restricciones de la sociedad lo que ocasionan lo peor de nosotros. Al entrar a un contrato social, renunciamos a nuestra libertad innata y natural y debemos intercambiarla por una diferente clase de libertad. Infortunadamente, todas las sociedades existentes (se refería a las del siglo XVIII) esclavizaban a las personas sin ofrecerles las libertades que merecemos. En una sociedad justa, las leyes están escritas y son obligatorias en su cumplimiento para el máximo beneficio de todos, y al elegir vivir en sociedad, aceptando el contrato social, somos liberados. De hecho, somos "obligados a ser libres" porque somos obligados a acatar las leyes que nos liberan. Rousseau negaba que tuviésemos derechos individuales; en el estado constituido de forma apropiada, estos no serían necesarios ya que todos se benefician.

Rousseau afirmó que la sociedad, al introducirnos la idea de desear los objetos que otras personas tienen, nos lleva a estar insatisfechos, ser envidiosos, codiciosos e infelices; afirma que eso no existe en nuestro estado "natural".

El derecho a la revolución

Ocupando la posición intermedia entre Hobbes y Rousseau, David Hume y John Locke argumentaban que un contrato social y por extensión una sociedad, deben garantizar a los individuos el derecho a poseer y controlar la propiedad. Cuando las personas se reúnen para formar una sociedad, hay necesariamente alguna clase de "soberano" o liderazgo.

LA IZQUIERDA Y LA DERECHA

Las afirmaciones opuestas del ala izquierda y derecha en política refleja diferentes puntos de vista en la función de la sociedad. El ala izquierda se inclina hacia la propiedad pública y el abasto público, con un método de gobierno que va de los niveles superiores a los inferiores para ordenar la sociedad con el fin de que eso funcione. El extremo de esto es el Comunismo, con la propiedad y operación de los "medios de producción para beneficio del pueblo". Las políticas del ala derecha favorecen la propiedad privada y una actitud de liberalismo económico y no intervencionismo en la maquinaria social, en la creencia de que el libre mercado a la larga llevará todo a resolverse por sí mismo, en un equilibrio que dé resultado. Existe algo de un modelo evolucionario darwiniano de la "supervivencia del más fuerte" en las políticas del ala derecha.

El asumir que a la larga las fuerzas del mercado llevarían a un equilibrio ocasionó una situación de pobreza extrema entre la gente de escasos recursos en el Londres victoriano. ¿Qué responsabilidades tiene una sociedad con sus miembros más pobres?

Los poderes del soberano están limitados por los derechos a poseer y controlar la propiedad. Si el gobierno viola ese primer principio, el pueblo tiene derecho a levantarse y hacer una revuelta, derrocando al gobierno para que los principios puedan ser restablecidos. El pueblo podría incluso tener el deber de organizar una revolución.

¿Quién elige?

La mayoría de los países no están en una posición para elegir una forma de gobierno comenzando a partir de una hoja en blanco, pero si lo estuvieran, el filósofo estadunidense John Rawls (1921-2002) tenía la solución. Propuso una teoría conocida como "Justicia como Equidad" para proteger los derechos individuales al mismo tiempo que promover una distribución justa de los recursos. Un nuevo orden social sería concebido por las personas comenzando por lo que denominó la "posición original" y trabajando detrás de un "velo de ignorancia" tendrían que diseñar el sistema de justicia sin saber cuál sería su propia posición en la sociedad. Podrían terminar como el gobernante o como el trabajador más humilde o como una persona desempleada.

Todas las películas posapocalípticas, con zombis o sin ellos, tiene supervivientes que se reúnen todos, ya sea para bien o para mal, intentando el inicio de una nueva sociedad.

Capítulo 20

¿Son algunas personas más iguales que otras?

¿Afirmamos promover la igualdad, pero lo hacemos realmente? ¿Y que es "igualdad" de todas formas?

"Amablemente recuerda que aquel a quien llamas tu esclavo nació del mismo tipo de progenitores, que sonríe bajo los mismos cielos y en los mismos términos que tú, que respira, vive y muere".
Séneca, siglo I, d. C.

¿Qué quieres decir por igualdad?

El término igualdad en la sociedad tiene muchos significados. Por ejemplo, puede significar igualdad de derechos, igualdad de oportunidades o igualdad de acceso a los recursos. En la actualidad, la mayoría de las personas diría que todo empieza con la igualdad de derechos humanos básicos. ¿De dónde provienen estos? ¿Y qué tipo de derechos o igualdad tenemos realmente?

La Declaración Universal de Derechos Humanos establece la clase de derechos que el mundo moderno reconoce debe ser proporcionada a las personas.

- Todos los seres humanos nacen libres e iguales en dignidad y derechos. (Artículo 1.)
- Toda persona tiene todos los derechos y libertades proclamados en esta Declaración, sin distinción alguna de raza, color, sexo, idioma, opinión política o de cualquier otra índole, origen nacional o social, posición económica, nacimiento o cualquier otra condición. (Artículo 2.)
- Nadie será sometido a torturas ni a castigos o tratos crueles, inhumanos o degradantes. (Artículo 5.)
- Nadie podrá ser detenido, arrestado o exiliado arbitrariamente. (Artículo 9.)

"Sostenemos como evidentes estas verdades: que todos los hombres son creados iguales; que son dotados por su Creador de ciertos derechos inalienables; que entre estos están la vida, la libertad y la búsqueda de la felicidad".
Declaración de Independencia de Estados Unidos, 1776.

- Toda persona, como miembro de la sociedad, tiene derecho a la seguridad social y puede obtener los derechos económicos, sociales y culturales indispensables a su dignidad y al libre desarrollo de su dignidad. (Artículo 22.)

Y así sucesivamente.

¿Nacemos libres e iguales?

Aristóteles dijo que *no* todas las personas nacen iguales. Algunas nacen como esclavos y nacen "para" la esclavitud, otros nacen para ser amos.

Esclavos en ruta al Nuevo Mundo, donde serán incapaces de disfrutar de la vida, la libertad y la búsqueda de la felicidad. Ellos eran considerados "posesiones".

Pero esto, como Juan Jacobo Rousseau dijo más adelante, es confundir causa y efecto. Una persona nacida en la esclavitud y criada como un esclavo, naturalmente se convertirá en un esclavo, pero si es sacado de la esclavitud y de los padres esclavos en el momento del nacimiento, no sería diferente de otra persona. Nadie es un esclavo genéticamente.

El pensamiento de Aristóteles acerca de la esclavitud pronto fue retado. Los estoicos propusieron la igualdad esencial de derechos de todas las personas: "Nacemos para la Justicia y ese derecho está basado, no sobre las opiniones de alguien, sino sobre la Naturaleza" (Cicerón).

La idea de que la posición social no es una característica innata de un individuo y no puede ser impuesta con justicia en nadie, ni siquiera en aquellos capturados en la guerra, fue revolucionaria.

> ***"Es un error imaginar que la esclavitud impregna todo el ser de un hombre; la mejor parte de él está exenta de esta: el cuerpo verdaderamente está sometido y en poder de un amo, pero la mente es independiente, y realmente es tan libre y natural, que no puede ser detenida ni siquiera por esta prisión del cuerpo, donde está confinada".***
> Séneca, el Joven, siglo I d. C.

Derechos naturales e inalienables

La idea de que todas las personas nacen con derechos naturales e inalienables adquirió importancia durante la Era de las Luces. John Locke los nombró como derechos a "la vida, la libertad y el estado (propiedad)", el trío que más tarde fue consagrado en la Declaración de Independencia de Estados Unidos. Los derechos inalienables son aquellos a los que no se puede renunciar o que no se pueden suspender al entrar en un contrato social, el contrato que parece existir entre el ciudadano y el gobierno. Las defensas de la esclavitud que se basaban en la afirmación de que los esclavos habían renunciado a sus derechos voluntariamente fueron consideradas sin validez porque no se puede renunciar a estos derechos naturales.

Otros derechos inalienables que se han sugerido o anunciado son el derecho a profesar una creencia religiosa y el derecho a tener una personalidad propia. Ha habido un gran número de regímenes que han intentado eliminar

"(Todas las personas tienen) ciertos derechos naturales inherentes, de los cuales no pueden, por ningún convenio, ser privados ni ser postergados".
Declaración de Derechos del Estado de Virginia, 1776.

ambos derechos propuestos. Las persecuciones de religiones diferentes han sido algo común a través de la historia y los intentos por suprimir la personalidad han sido una característica de los estados totalitarios del siglo XX.

> ***"Cada hombre es responsable de su propia fe y debe ver por sí mismo que cree correctamente. Tan poco como otro puede ir al infierno o el cielo, para mí, así de poco puede creer o no creer y tan poco como puede abrir o cerrar el cielo o el infierno, para mí, y así de poco puede llevarme a la fe o a la incredulidad. Entonces, creer o no creer es un asunto de conciencia de cada uno y ya que no está reduciendo el poder secular, este último debería estar contento y atender a sus propios asuntos y permitir a los hombres creer en una cosa o en otra, ya que son capaces y tienen la voluntad y no se debe restringir a nadie por la fuerza".***
> Martín Lutero, 1523.

"Insensatez en zancos"

La idea de que tenemos derechos naturales o que existen leyes naturales, se basa en que nosotros aceptamos que hay algo que es "natural", algo que es "correcto" o "justicia" que existe "allá afuera". En la jerga de los filósofos, esto se basa en la existencia de los universales o posiblemente en un dios o una entidad llamada Naturaleza, que establece derechos y reglas.

Jeremy Bentham, quien llamó a la idea de los derechos naturales "insensatez en zancos", afirmó que los derechos solo podían ser creados por el gobierno o desarrollados mediante la tradición. Esto significaba que no podía haber nada inalienable acerca de ellos ya

que no tenían un estatus especial. Si no son naturales, entonces también son, relativos culturalmente, varían con el tiempo y el lugar y son diferentes donde hay diferentes tradiciones y sistemas legales.

¿Es la fuerza un "derecho"?

Para Bentham, los derechos solo surgen cuando las personas interactúan o entran en un contrato social. Si imaginamos a Robinson Crusoe solitario en su isla, ¿podría tener derechos? ¿Tiene el derecho de capturar un pez del mar y tomar una fruta de los árboles? ¿O los derechos naturales carecen de sentido en su condición solitaria? Cuando Viernes aparece, ¿tiene el derecho de tratarlo como un sirviente? ¿O los derechos no vienen al caso?

Viernes se encuentra en la tierra que Crusoe ocupa, ¿eso significa que Crusoe es su propietario? ¿La Declaración de Derechos Humanos lo afecta en su isla ficticia y le otorga el derecho a tener una propiedad? ¿Le otorga a Viernes el derecho de poseer alguna parte de la isla?

Calicles, quien vivió en Atenas hace 2500 años, creía que la voluntad fuerte debería predominar y que esta es el único estado natural. El Darwinismo Social adopta la idea de "la supervivencia del más fuerte" y la aplica a la sociedad (no en la forma en que Darwin lo intentaba) para justificar el triunfo del fuerte sobre el débil. Si las personas tienen "ciertos derechos inalienables", ¿de dónde provienen estos? Si son conferidos por la sociedad, no son ni universales ni naturales.

> ***"Evaluar el 'derecho' mediante la filosofía falsa de los profetas hebreos y los mesías 'llorones' es una locura. El derecho no es engendrado por la doctrina sino por el poder. Todas las leyes, mandamientos o conceptos, como no hacerle a otro lo que no deseas que se te haga a ti, no tienen autoridad inherente de alguna clase, y la reciben únicamente del garrote, la horca y la espada. Un hombre verdaderamente libre no está dominado por ninguna obligación de obedecer ninguna orden judicial, ya sea humana o divina. La obediencia es la señal del degenerado. La desobediencia es la marca del héroe".***
>
> Resumen de León Tolstoi de la posición presentada por el panfleto darwinista social. *La fuerza es un derecho*, 1890.

Desigualdad natural

Una mirada rápida a las masas humanas muestra que incluso si nacemos con derechos naturales iguales no nacemos con habilidades iguales. Algunas personas son más fuertes que otras, algunas son mejor parecidas que otras, algunas son más inteligentes o más musicales que otras. Nuestras cualidades y habilidades individuales no son iguales y la sociedad valora algunas por encima de otras.

Qué cualidades son valoradas, varía de una cultura a otra. En el pasado, la fuerza física era un atributo más valioso de lo que es ahora que no tenemos que luchar con bestias salvajes o derribar animales de caza para comer. Algunas de las cualidades que son valoradas ahora podrían parecer ilógicas: les pagamos a los jugadores deportivos profesionales una gran cantidad de dinero; valoramos en gran medida a algunos actores, escritores, pintores y músicos. Tocar el violín o hacer esculturas difícilmente son destrezas de supervivencia útiles, pero valoramos a las personas que proporcionan diversión, entretenimiento y arte así como a aquellos con destrezas prácticas útiles. El hecho real de que *no* todos somos iguales en habilidades naturales crea un valor y ese valor produce más tipos de desigualdad.

¿Igualdad de oportunidades?

El derecho a tener oportunidades iguales o un trato igualitario no está reconocido mundialmente, pero está consagrado en algunos sistemas legales. Propone que a todas las personas se les permita solicitar un empleo, subirse a un autobús, vestir como les agrade, a pesar de su color, etnicidad, creencias religiosas, etcétera.

El punto de vista de Kant (ver cuadro) parece justo, pero es muy difícil de lograr ya que todos los

¿Las personas tienen un derecho natural para no experimentar la discriminación, o es un derecho establecido socialmente? ¿O no existe ningún derecho?

niños comienzan su vida desde diferentes posiciones y con padres diferentes. Las autoridades sociales no pueden entrar en las casas de los bebés de seis meses de edad para asegurarse que son estimulados intelectualmente. No podemos impedir que algunas personas se aprovechen de algo sin violar otros derechos humanos.

¿Hasta qué punto es válido el argumento? ¿Es un derecho que el rico pague por una mejor educación para sus hijos, dándoles una ventaja pagada

> ***"A cada miembro de la comunidad se le debe permitir obtener algún grado de jerarquía... al que pueda llevarlo su talento, su dedicación y su suerte, y sus compañeros no deben obstaculizar su camino (debido a) privilegios hereditarios".***
> Immanuel Kant.

De la década de 1920 a la de 1970, los niños en los kibutz israelíes fueron criados comunalmente con solo dos o tres horas al día con sus padres. Leshem, quien creció en un kibutz, dice: "Fuimos educados para ser iguales, pero fuimos, a pesar de todo, diferentes".

evidente que no está disponible para los demás? Algunas personas creen que sí lo es y otras que no lo es.

¿Qué es la oportunidad y qué tan igualitaria puede ser?

Es difícil definir la igualdad de oportunidades. ¿Significa tener acceso a las mismas cosas? ¿O acceso a las cosas que son más importantes o apropiadas para cada individuo? ¿Y quién decide lo que es? Una oportunidad igual para realizar nuestro potencial personal requerirá una cualidad desigual, el niño con habilidades musicales se beneficiará con las lecciones de música, las cuales podrían no proporcionar ningún beneficio a un niño que en vez de eso destaca en el deporte.

Como sucede con cualquier problema relacionado con las sociedades existentes, no estamos comenzando desde una igualdad de condiciones. Algunas personas cuentan con ventajas naturales de nacimiento y algunas podrían tener desventajas por motivos históricos. Una respuesta a esto es la discriminación positiva o lo que Rawls denomina "justa igualdad de oportunidades" para tratar de compensar la desventaja. Esta es una medida controversial que provoca objeciones, pues ni más ni menos hace exactamente aquello a lo que intenta oponerse, favoreciendo a una persona sobre otra por motivos de nacimiento, etnicidad, género, etcétera.

El filósofo político Robert Nozick (1938-2002) y también el economista Milton Friedman (1912-2006) se oponían a las medidas de igualdad de oportunidades ya que consideraban que restringía el derecho de otros a emplear a quien quisieran elegir y utilizar su propiedad como consideraran que era adecuado.

"En un intento diferente de una sociedad por tratar a todos los ciudadanos igualitariamente, la Unión Soviética tenía programas para identificar y fomentar el talento en los deportes y la música, pero por la gloria del estado más que la realización personal del individuo".

Algunos son más iguales que otros

En su novela *Rebelión en la granja*, George Orwell satirizaba a la Unión Soviética durante los gobiernos de Lenin y Stalin, mostrando cómo una revolución que intentaba volver a todos iguales, rápidamente condujo a otra sociedad opresiva en la cual unas personas sufrían hambre mientras otras prosperaban.

Los economistas han descubierto que es imposible crear o incluso moldear una sociedad en la cual no surja la desigualdad horizontal (la desigualdad entre personas de habilidades equivalentes en puntos de inicio iguales.) Robert Nozick dio un ejemplo de cómo surge la desigualdad. (Lo utilizó como argumento en contra de tratar de imponer una igualdad de riqueza). Supón que una sociedad comienza con todos ganando 100 dólares. Un deportista, en su ejemplo el jugador de basquetbol Wilt Chamberlain, dice que solo jugará en público si todos los que desean mirar pagan 25 centavos. Al final de la temporada, el deportista tiene 250 000 dólares porque muchas personas desearon verlo jugar y habían pagado libremente sus 25 centavos. ¿Por qué deberíamos quitarle algo de ese dinero?

"Todos los animales son iguales, pero algunos animales son más iguales que otros".
George Orwell, *Rebelión en la granja*, 1945.

La igualdad de oportunidades implica oportunidades iguales para tener éxito o fracasar, para volverse rico o pobre, haciéndola inherentemente incompatible con la igualdad de resultados. ¿Qué preferimos? La política de la derecha hacia una igualdad de oportunidades o la de la izquierda hacia una igualdad de resultados.

¿Quiénes son las personas que son iguales?

Muchas personas en el mundo económicamente desarrollado apoyan la igualdad de oportunidades, no obstante quieren limitar el flujo de inmigrantes. Legislamos para el trato justo de los empleados en nuestras tierras, pero compramos productos baratos fabricados por trabajadores extranjeros en condiciones laborales terribles. Afirmamos que los hombres y las mujeres tienen derechos iguales, que las personas con antecedentes étnicos diferentes tienen derechos iguales y no obstante las mujeres en promedio ganan menos que los hombres, las personas de raza negra ganan menos que las de raza blanca y es más probable que los encarcelen. ¿Realmente queremos decir que todas las personas nacen iguales o solo las personas "como nosotros"?

Capítulo 21

¿Debemos robarle a un Juan para pagarle a varios Pedros?

¿Cómo equilibramos los beneficios para el individuo ante los beneficios para muchos?

En 2013, la economía chipriota estuvo en una condición pésima (como lo estuvieron varias otras economías, si recuerdas). En una decisión sin precedentes e impopular, el gobierno chipriota decidió incautar un 60% de los depósitos bancarios de más de 100 000 euros (138 000 dólares). La medida estuvo especialmente dirigida contra los oligarcas rusos que usaban a Chipre como un paraíso fiscal, pero inevitablemente esto afectó a los ciudadanos ordinarios de ese país. Tomar el dinero de los cuentahabientes más acaudalados podía posiblemente salvar a un mayor número de chipriotas más pobres de dificultades mayores, si la moneda y el sector bancario se colapsaban. ¿Esto hace correcta la medida?

El mayor bien para el mayor número

El principio del utilitarismo se puede emplear para defender la apropiación de efectivo chipriota.

> ***"Las acciones son correctas en proporción a cuánto tienden a promover la felicidad y equivocadas en tanto tienden a producir lo contrario a la felicidad".***
> John Stuart Mill, 1863.

El utilitarismo se basa en la premisa de que las acciones son moralmente buenas o malas de acuerdo a cuánto incrementen la felicidad y disminuyan el dolor. Las acciones que producen el mayor beneficio para el mayor número de personas se escogen con base en alternativas.

La "felicidad" se considera que significa placer y libertad del dolor. El placer no es solo vino, mujeres u hombres y música, sino que incluye placeres intelectuales superiores. El utilitarismo no es una excusa para dedicarse a una vida de excesos hedonista.

> ***"El placer y la libertad del dolor es lo único deseable como fin... todas las cosas deseables son deseables ya sea por el placer inherente en ellas mismas, o como medios de promoción del placer y prevención del dolor".***
> John Stuart MIll.

El utilitarismo es desinteresado e igualitario, quizá en exceso. La felicidad de todos cuenta igualmente, así que en ocasiones el utilitarismo requerirá de un sacrificio personal. La mayoría de los códigos morales y legales, e incluso tan solo los buenos modales, están elaborados con base en el utilitarismo. Por lo general es mejor si prohibimos robar, entonces todos podemos estar bastante confiados en que podemos cosechar los frutos de nuestro trabajo y nos puede ir muy bien. De otra manera, pasaremos mucho tiempo mirando por encima de nuestros hombros para ver quién se nos acerca sigilosamente con la intención de robarnos nuestra enorme torta o nuestra tableta. (Las mismas reglas continúan surgiendo una y otra vez.) En términos generales, el utilitarismo parece funcionar razonablemente bien.

EL "FELICIFIC CALCULUS"

No siempre es inmediatamente obvio qué curso de acción producirá el mayor bien. Jeremy Bentham (1748-1832), el originador del Utilitarismo Clásico, elaboró un "felicific calculus" (cálculo de la felicidad) para ayudar a resolver los problemas truculentos de la moralidad utilitarista. Este toma en cuenta cada placer y dolor ocasionado por una acción y los valora por seis cualidades:

- Intensidad
- Duración
- Certidumbre o incertidumbre: ¿Qué tan probable o improbable es que ocurra?
- Proximidad o lejanía: ¿Qué tan pronto ocurrirá?
- Fecundidad: ¿Qué tan probable es que produzca más sensaciones de la misma clase?
- Pureza: ¿Qué tan probable es que produzca más sensaciones de la clase opuesta?

El total de puntos para el placer y el dolor debe entonces multiplicarse por el número de personas que serán afectadas en cada forma. Si el cálculo final muestra un resultado de placer, la acción es aprobada. Si muestra un resultado de dolor, la acción no es una buena idea.

Personas consideradas como fichas de intercambio

Existen varias objeciones lógicas al utilitarismo. Una de ellas es que parece inhumano al intercambiar la felicidad humana como si fuese un producto en una economía. Parecería que condona el abuso de unos pocos por la mayoría. ¿Si 100 000 romanos disfrutan al observar cómo los leones despedazan a un esclavo en el Coliseo, acaso la

Jeremy Bentham fue, por solicitud propia, convertido en un muñeco después de morir. Su cuerpo fue disecado, después el esqueleto fue cubierto con paja y vestido. La cabeza del muñeco es una copia de cera, ya que su cabeza real tiene una apariencia más bien macabra (se encuentra entre sus pies) y por lo general no se muestra. Bentham en ocasiones ocupa un asiento en las juntas del Colegio Universitario de Londres, donde es considerado como "presente pero no vota".

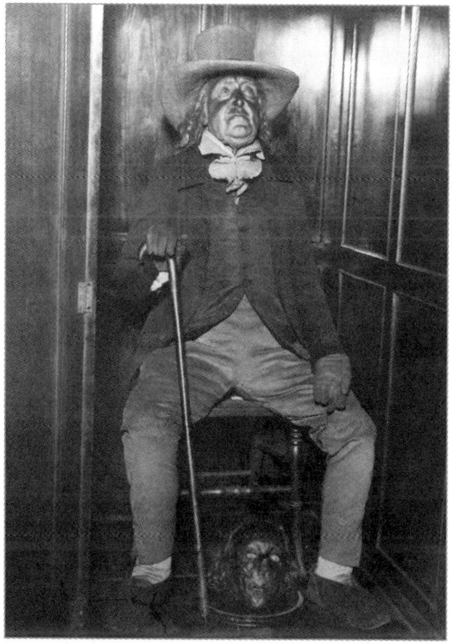

diversión de la audiencia es suficiente para superar la agonía del esclavo? Podríamos decir que la agonía del esclavo es tan inmensa que supera el placer de los felices espectadores. O podríamos decir que los espectadores no disfrutan de una verdadera felicidad y la degradación implicada en observar tal evento sería más propiamente calificada como dolor más que placer.

Pero hay otros casos, de mayor utilidad en nuestros días y época, en los cuales la respuesta de sentido común y la respuesta utilitarista se contradicen.

Existen circunstancias en las cuales los sentimientos personales podrían impedir que alguien haga la acción "correcta". Imagina que eres mantenido como rehén con otras diez personas. Los secuestradores quieren matar a una persona en particular, pero no pueden identificar a esa persona. Tú sabes quién es. Si nadie identifica a su blanco, matarán a la mitad de los rehenes. Si identificas a la persona, matarán únicamente a ese individuo. ¿Identificarías a la persona? ¿Qué tal si tu hijo o tu pareja fuese esa persona?

El utilitarismo exigiría que revelaras la identidad de una persona para salvar a cinco, quien quiera que fuese esa persona. Pero tu con-

EXPERIMENTO RUDO: EL HOSPITAL INHOSPITALARIO

Supón que cinco pacientes en un hospital necesitan trasplantes de órganos vitales para poder vivir. Un paciente que no está enfermo de gravedad llega para una cirugía de rutina. El cirujano podría matar al paciente, hacerlo parecer como una extraña desgracia y utilizar sus órganos para salvar a las otras cinco personas. ¿Es inmoral matar a una persona para salvar a cinco? ¿O debería sanar al paciente saludable y dejar que los otros cinco fallezcan? El sentido común nos dice que el cirujano no debería matar al paciente saludable. Al preguntarle por qué, la mayoría de las personas dirán algo parecido a que es un acontecimiento desafortunado (mala suerte) si fallecen los cinco pacientes, pero que sería culpable de asesinato si mata al paciente saludable, o que el cirujano no tiene derecho a decidir quién debe vivir o quién debe morir. ¿Pero por qué no? ¿No estará decidiendo de todos modos tan pronto como la posibilidad le resulte clara? ¿No es igualmente mala suerte caer en las manos de un cirujano utilitarista obsesivo?

ciencia, tu involucramiento emocional y tu interés personal muy posiblemente afecten tu decisión. Un problema con el utilitarismo es que requiere que actuemos de acuerdo con una lógica matemática fría y las personas sencillamente no son así.

La negociación con secuestradores requiere hacer un balance de las vidas en peligro actualmente contra las posibles consecuencias futuras de más secuestros.

Juanes y Pedros

Todos los sistemas económicos tratan de encontrar un equilibrio entre quitarle el dinero a la gente rica y dárselo a la gente más pobre. Buscar el mayor bien para el mayor número de personas es una buena forma de mantenerse en el poder. En una democracia, el pueblo no votará por un gobierno que obtenga un equilibrio equivocado. En el peor de los casos, el pueblo se rebelará para derrocar a un gobierno que tiene un equilibrio muy equivocado. Si la mayoría de las personas están felices, el gobierno posiblemente se mantenga estable. Cuando la mayoría de las personas están infelices, la situación se vuelve difícil.

La percepción general de la crisis bancaria que comenzó en el año 2007 es que fue la codicia de un pequeño número de personas lo que ocasionó miseria a un gran número de personas más pobres. El

Las protestas en 2012 en contra de las medidas de austeridad mostraron que los manifestantes representaban a la mayoría: un 99 por ciento. Los principios utilitaristas sugerirían que las medidas de austeridad deberían abandonarse, pero los gobiernos que las presentaron afirmaron que evitarían un miseria mayor en el futuro.

movimiento del 99% afirma representar al 99% de la sociedad, la porción que no había obtenido utilidades en los años de auge de la banca. La utilización de la ilustración analiza la tendencia utilitarista natural de las personas de creer que el mayor beneficio para el mayor número es la mejor forma de calcular la moralidad de una acción.

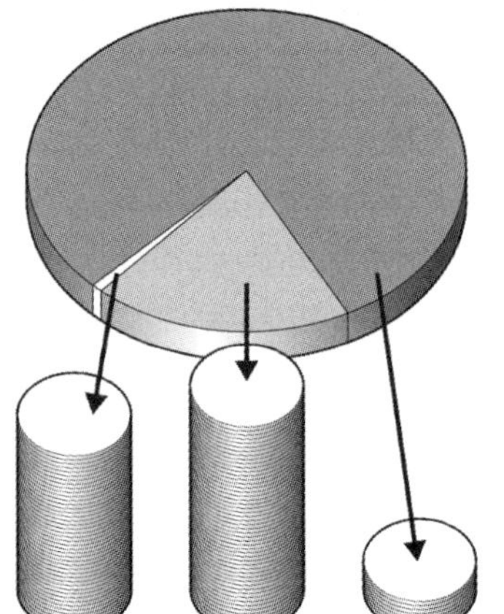

En 2007, poco antes del desplome financiero, el 1% de la población de Estados Unidos poseía el 43% de la riqueza. El 80% poseía únicamente el 7% de la riqueza.

Capítulo 22

¿Qué tal si todos hicieran eso?

La sociedad da cabida a algunos renegados, ¿pero qué sucederia si todos quisiéramos serlo?

El principio de la Regla de Oro es que deberíamos tratar a todos de la forma en que nos gustaría ser tratados (ver *¿Debemos Quemar Siempre a las Brujas?*). Immanuel Kant tenía un principio similar, al cual llamaba el "imperativo categórico".

Una vida de virtud

Siempre han existido personas que han tratado de vivir la vida más pura y más virtuosa. Existen en términos generales dos enfoques: uno es dedicar la vida al servicio de otros o interactuar con honestidad con ellos, y el otro es renunciar a las cosas superfluas de la vida normal y buscar una forma de iluminación o paz mediante la contemplación o la oración. Ningún filósofo parece haberse dedicado a practicar un sistema que implique ser propietario de cuatro casas y un yate.

"Es más sencillo para un camello pasar a través del ojo de una aguja que para un rico entrar en el reino de Dios".
La Biblia, versión Rey James, Mateo, 19:23.

El egoísmo del egoísmo

El filósofo griego Diógenes (400-325 a. C.) se tomó muy en serio renunciar a lo superfluo de la vida. Fue el asceta máximo. Estableció su hogar en una enorme vasija en el mercado y poseía apenas lo que podía llevar consigo. Tenía uno o dos trapos y un tazón para beber agua. O al menos en un principio tenía un tazón para beber, pero cuando vio a un niño beber agua ahuecando sus manos se dio cuenta que el tazón era un lujo del que podía prescindir y lo arrojó al suelo. No ganaba ningún dinero, ya que eso evidentemente sería apoyar el materialismo que despreciaba y vivía con la comida que le daban o que encontraba. Diógenes enseñaba que el camino a la felicidad era vivir "de acuerdo con la naturaleza", satisfaciendo las necesidades más básicas del cuerpo de manera tan sencilla como fuese posible y rechazando todas las posesiones, los lazos personales y lo superfluo. Exigía que sus seguidores se expusieran de manera deliberada al escarnio y al ridículo como una práctica del desapego.

Como los monjes y otros ascetas religiosos, Diógenes dependía de la generosidad de los demás para su supervivencia. Sin embargo, a diferencia de los monjes su ascetismo dependiente no era parte de un plan espiritual mayor, bien identificado, que pudiese beneficiar a toda la comunidad. Era un sistema que había concebido para su proceso de iluminación personal. Todo esto estaba muy bien para Diógenes, ¿pero es algo apropiado? Él buscaba alejarse y conseguir la iluminación, pero solo porque otras personas estaban dispuestas a darle alimento cuando lo necesitaba (y a dejar tiradas alrededor del mercado vasijas apropiadas).

¿Qué pasaría si todos dejaran de trabajar, renunciaran a sus bienes y buscaran una vasija dónde vivir? La sociedad se paralizaría y ya no habría más alimento ni vasijas.

> ***"Obra solo de acuerdo con esa máxima que, al mismo tiempo, desees que se convierta en una ley universal".***
> Immanuel Kant 1785.

BAILE EN TUBO, ESTILO SIRIO

Los estilitas eran unos antiguos ascetas cristianos que vivían encima de columnas o postes en el desierto. El precursor fue probablemente Simón el Estilita, quien se trepó a su pilar en el año 423 y permaneció ahí hasta su muerte 37 años después. Había algunas variantes. Teodoreto de Ciro, un contemporáneo de Simón el Estilita, escribió acerca de un ermitaño que vio que había vivido durante diez años en una tina suspendida por tubos, y San Alipio que se dice que construyó un pilar y vivió sobre él por 67 años. Durante los primeros 53 años estuvo de pie, pero cuando sus pies no pudieron soportar más la tensión se acostó. Esto no parece haberle ocasionado mucho daño ya que se dice que vivió hasta la edad de 118 años.

Kant haz eso

Immanuel Kant no habría permitido que Diógenes se saliera con la suya. Su imperativo categórico declaraba que cualquier ley por la cual vivimos nuestras vidas debe poder hacerse extensiva a todos. Así que, como toda la sociedad se colapsaría rápidamente si todos eligieran vivir en vasijas abandonadas, ser a lo más un provocador (o un antagonista a lo menos) y no realizar ninguna labor productiva, no es una forma válida de vivir.

Pero, desde luego, no hubo tal problema. No vemos a las personas recorriendo los mercados en busca de una vasija donde vivir. No las vemos regalando todas sus propiedades a las instituciones de caridad y suspendiendo todas sus relaciones sociales. La mayoría de las personas no desean vivir como Diógenes.

¿Esto significa que no hay lugar para los ascetas mendigos? Quizá eso depende del contexto. La Europa medieval vio muchas órdenes de frailes y monjes errantes que vivían de la caridad y a cambio oraban por las almas de la sociedad que los mantenía. Ellos comerciaban oraciones, que las personas consideraban un producto valioso, por alimento y otras necesidades. Cada persona que le daba algo a un fraile mendigo lo hacía por voluntad propia y sin duda pensaba que su acto de caridad lo ennoblecía o le compraba algo de redención.

En cierto sentido, el asceta que depende de la caridad le hace a la sociedad un servicio, proporcionando un canal útil para la caridad la cual será de beneficio espiritual para los donadores. Incluso un filósofo derramando sabiduría a cualquiera dispuesto a escuchar en intercambio por comida y una vasija o un pilar, está comerciando con la sociedad que afirma despreciar. Esto resulta únicamente en tanto haya suficientes personas que quieran el beneficio espiritual o intelectual proporcionado por los ascetas entre ellas y no haya demasiadas personas que quieran vivir en vasijas.

Todos para uno, pero no uno para todos

El imperativo de Kant es más comúnmente aplicado a estilos de vida que parecen egoístas de diferentes maneras. La vida no funcionaría si todos vivieran como multimillonarios. De hecho, tenemos evidencia reciente de eso en la crisis financiera que siguió a los desastres bancarios del 2008. Demasiadas personas estaban viviendo "de esa manera", en una forma que su ingreso o la productividad de su sociedad no pudo soportar.

Existen muchos sistemas que están basados en una mayoría de personas haciendo lo que es "correcto". Ellos abarcan desde los sistemas benéficos de seguridad social (que funcionan en tanto la mayoría pague y que aquellos que ayudan sean personas con necesidades genuinas), hasta programas nacionales de vacunación que controlan enfermedades peligrosas al crear "inmunidad de grupo".

La sociedad tiene espacio para algunas personas que optan por retirarse del bien comunal, ya que no es tan frágil y no se colapsará, en tanto las cifras sean pequeñas. ¿Pero eso le da a cualquiera el derecho a ser un solitario? Simón el Estilita y Diógenes no vivían de la ayuda estatal, pues la gente los ayudaba libremente, así que era un sistema autolimitante.

Al parecer Kant tiene razón en parte, pero quizá está pidiendo mucho. La vida no funcionaría tampoco si todos queremos ser bomberos. La sociedad funciona porque las personas desean diferentes cosas. Puede soportar un cierto número de personas que toman decisiones muy dependientes, o tienen necesidades dependientes, pero en cada sociedad existe un equilibrio crítico. Si nos excedemos, por ejemplo, pidiendo prestado más dinero del que podemos pagar, se producirá un desastre.

VACUNA TRIPLE VIRAL. UNA LECCIÓN PRÁCTICA DEL IMPERATIVO CATEGÓRICO

En 1998, un documento fraudulento publicado en la revista médica *The Lancet* afirmaba que la vacuna triple viral para proteger a los niños de sarampión, paperas y rubéola podría provocar autismo. Como resultado, el número de padres que vacunaban a sus hijos disminuyó. Para 2008, el sarampión era endémico en el Reino Unido (circulando en la población general) por primera vez en catorce años, como un resultado directo de la disminución de la vacunación. Las enfermedades de las que protege la vacuna triple viral pueden ocasionar daños permanentes o la muerte en los niños.

Cuando suficientes personas son vacunadas, los pocos que no lo son están protegidos por la "inmunidad de grupo", es decir, la inmunidad de la mayoría que vuelve muy difícil que la enfermedad circule. Cuando un número insuficiente de personas son vacunadas, todas las personas que no están vacunadas se vuelven vulnerables. ¿Tenían los padres el derecho moral de depender de la inmunidad de grupo (al costo de enfermar a otros) en lugar de aceptar el pequeño riesgo que pensaron que tenía la vacuna? En realidad, la vacuna no produce autismo, así que no había ningún riesgo, pero la pérdida de la inmunidad de grupo produjo muchos enfermos y cuatro muertes en el Reino Unido.

Capítulo 23

"Lo siento Dave, me temo que no puedo hacer eso". ¿Por qué no?

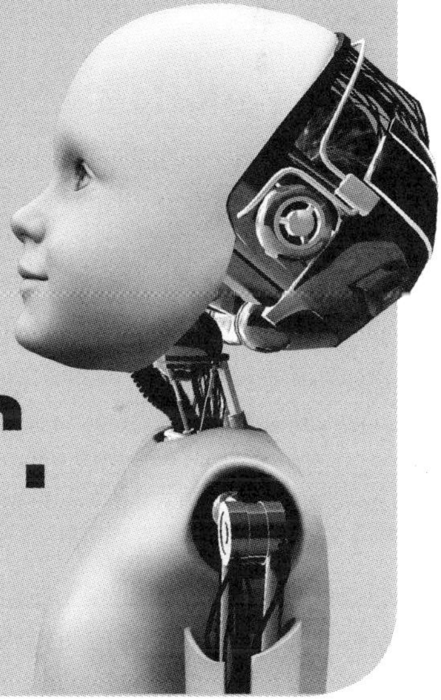

¿Cuáles son los límites de la inteligencia artificial?

Existe un gran número de películas y novelas de ciencia ficción donde los robots con inteligencia artificial se apoderan del mundo y luego proceden a destruir a los seres humanos. ¿Podría ocurrir esto? ¿Podemos permitir una situación donde pueda ocurrir esto?

¿Temor principal?

La primera vez que se empleó la palabra "robot" fue en la obra de teatro R.U.R., del escritor checoslovaco Karel Capek; en esta obra una raza de robots capaces de reproducirse a ellos mismos, originalmente hechos esclavos, se rebela e intenta destruir a la humanidad.

Así que el temor de los robots apoderándose del mando es tan antiguo como los robots mismos. ¿Es esto una posibilidad real, a pesar de lo improbable que pueda parecer?

LAS TRES LEYES DE LA ROBÓTICA

El escritor de ciencia ficción, Isaac Asimov, estableció tres leyes de la robótica en el cuento "Círculo Vicioso", publicado en 1942:

1. Un robot no puede lesionar a un ser humano o, por inacción, permitir que un ser humano se lesione.
2. Un robot debe obedecer las órdenes que le dan los seres humanos, excepto cuando tales órdenes estén en conflicto con la Primera Ley.
3. Un robot debe proteger su existencia mientras tal protección no esté en conflicto con la Primera o Segunda Ley.

Posteriormente, Asimov agregó una ley cero.

Un robot no debe dañar a la humanidad o, por inacción, permitir que la humanidad se dañe.

¿Qué se requeriría?

La situación más común es la de personas que construyen robots quienes, ya sea deliberadamente por nuestra parte o no, se vuelven conscientes. Entonces se rebelan y ocasionan un desastre. Pueden ser perfectamente lógicos y pensar que los seres humanos son un fastidio, que agotan los recursos y llevan a cabo acciones tontas como provocar el cambio climático.

O podrían enojarse ante su jerarquía tan baja, cansados de

"No existe seguridad en contra del máximo desarrollo de la conciencia mecánica, en el hecho de que las máquinas poseen ahora un poco de conciencia. Un molusco no tiene mucha conciencia. Debemos reflexionar sobre el extraordinario progreso que las máquinas han tenido durante el último siglo y observar lo lento que ha sido el progreso de los reinos animal y vegetal. Las máquinas más altamente organizadas son criaturas no tanto del ayer como de los últimos cinco minutos, por decirlo así, en comparación con el pasado".
Samuel Butler, *Erewhon o tras las montañas*, 1872.

llevar a cabo tareas sin sentido y de ser tratados como esclavos, así que se rebelan en la forma en que los esclavos reales podrían hacerlo. La primera opción es posible para cualquier clase de robot independientemente inteligente; la segunda necesita que los robots se sientan explotados o abusados y que aspiren a algo mejor; esto necesita una forma de conciencia. Ambas requieren una inteligencia artificial, es decir, algún razonamiento o conocimiento que vaya más allá de la simple programación.

INTELIGENCIA ARTIFICIAL PROHIBIDA

Así como hay situaciones en la ciencia ficción donde los robots se han apoderado del mando, también hay aquellas donde la inteligencia artificial ha sido prohibida o derrotada. En la serie de *Dunas*, de Frank Herbert, una revuelta 10 000 años antes del comienzo de los libros, la "Yihad Butleriana", vio cómo la humanidad eliminaba a las máquinas inteligentes y prohibía su reinvención con el mandamiento: "No deberás fabricar una máquina a semejanza de una mente humana".

La singularidad

En 1993, el matemático Vemor Vinge propuso un evento denominado "singularidad", el punto donde la inteligencia artificial excede las capacidades humanas y por consiguiente incluso puede diseñar mejores y más poderosas versiones de sí misma, lo que conduce rápidamente a una inteligencia más allá de nuestra comprensión. Entonces, "la era humana concluirá". La singularidad es el punto inicial para los escritores de ciencia ficción que postulan que las máquinas toman el control, nos destruyen, nos usan como esclavos o incluso crean un paraíso para que vivamos ahí. Como ellas serán más inteligentes de lo que podemos concebir, no podemos anticipar lo que harán. La mejor predicción de cuándo esto podría ocurrir, la cual podría considerarse más bien una conjetura a ciegas, es entre los años 2025 y 2045, con base en las tendencias en el desarrollo de las capacidades de las computadoras.

¿Qué es la inteligencia?

No hay una definición mundialmente aceptada de la inteligencia y así es difícil explicar con exactitud lo que queremos decir con inteligencia artificial. La mayoría de las personas dirían que no es solo la habilidad de solucionar situaciones siguiendo reglas, aunque las computadoras ya son mucho mejores en eso que nosotros. La inteligencia parece implicar una habilidad para aprender, para crear chispazos creativos y para forjar nexos y ver conexiones que no son obvias. La inteligencia humana produce bromas y metáforas, capta y usa diferencias sutiles y deduce pistas sobre el comportamiento de otros.

En teoría, un doctor robot con inteligencia artificial podría efectuar un diagnóstico mejor y más rápido que un doctor humano. Podría almacenar los detalles de millones de afecciones, correlacionar síntomas con afecciones y recomendar un tratamiento.

Sin embargo, un doctor humano puede decir si el paciente que se queja de un dolor de estómago está ahí en realidad porque está deprimido o si está ocultando información sobre los síntomas porque está avergonzado o temeroso. Una computadora no detectaría eso.

LA PRUEBA TURING

El pionero de la computación, Alan Turing (1912-1954) propuso una prueba para determinar si se había obtenido una inteligencia artificial y si se podía decir que una computadora podía pensar como un ser humano. Una computadora pasa la prueba Turing si un interrogador humano no puede diferenciarla de un humano teniendo una conversación. Turing creía que podría ser mejor emular la mente de un niño y luego educar al niño computadora en lugar de intentar construir una computadora similar al cerebro de un adulto.

Una objeción al criterio de Turing es que este exige que la inteligencia de la máquina sea muy similar a la inteligencia del ser humano. Como Stuart Russell y Peter Norvig han explicado, no exigimos que un aeroplano vuele lo suficiente bien como para ganarles a las aves antes de que aceptemos que vuela. De hecho, fue solo hasta que renunciamos a copiar a las aves que pudimos crear aviones que funcionaran.

¿Qué tan cerca estamos?

> *"Si una máquina se comporta con tanta inteligencia como un ser humano, entonces es tan inteligente como un ser humano".*
> Alan Turing.

Dependiendo a quién le preguntes, la respuesta podría ser que ya tenemos computadoras verdaderamente inteligentes y conscientes, o que todavía estamos a varios años de lograrlo.

Los neurólogos hablan de la complejidad de los cerebros de los animales y afirman que las computadoras no están cerca de poder imitar nada más que a los organismos más simples. La totalidad de Internet no es tan compleja como las conexiones dentro de un solo cerebro humano, y eso sin hablar de las cosas que puede y no puede hacer. Por otro lado, los científicos de la computación están intentando crear modelos de neuronas y comienzan a construir modelos de "cerebros", imitando la estructura de los cerebros y sistemas nerviosos reales (pero no necesariamente humanos). Algunos constructores de inteligencias artificiales sugieren que no es necesario tratar de imitar por completo el cerebro para producir inteligencia.

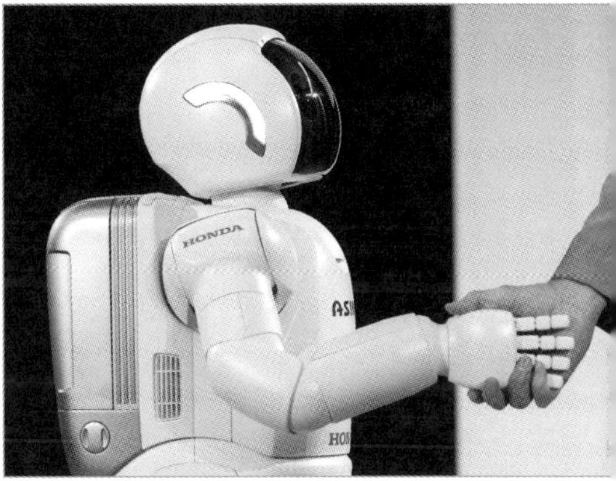

¿Pero esto sería un cerebro?

Los filósofos no están de acuerdo sobre si el poder crear una réplica electrónica del cerebro humano o algo inteligente que no sea una réplica, "contaría" como un cerebro o una inteligencia, incluso si pudiese aparentemente efectuar las mismas funciones.

CEREBRO LENTO

En 2005, un modelo en computadora del cerebro humano, con 10^{11} neuronas, tardó 50 días en efectuar el equivalente de una actividad cerebral de un segundo.

John Searle sugirió un experimento del pensamiento que llamó "la habitación china" para explicar cómo la inteligencia artificial no tiene comprensión. Imagina a una persona en una habitación cerrada a quien se le pasan preguntas escritas en chino. La persona no entiende el idioma chino, pero tiene un libro grande en el cual puede buscar las preguntas y encontrar respuestas apropiadas. Entrega las respuestas y para todos los que están afuera de la habitación parece como si pudiera entender chino. La inteligencia artificial también podría desempeñarse como si tuviese comprensión pero sin tenerla real-

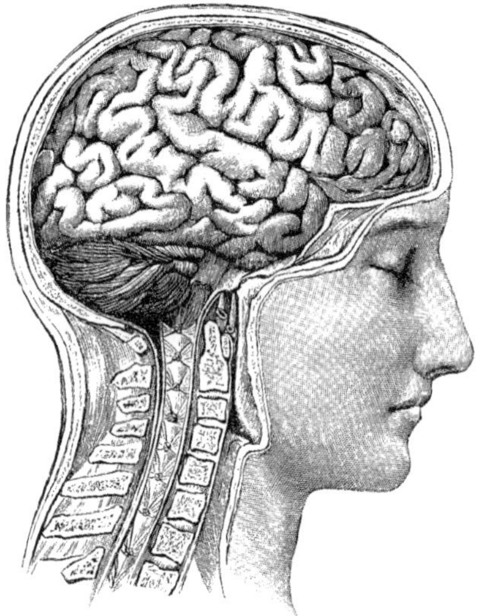

mente. Searle distinguió entre lo que llamó una inteligencia artificial débil y una inteligencia artificial fuerte:

- "Un sistema físico de símbolos (de hecho, una computadora), puede actuar de manera inteligente"; esta es una inteligencia artificial débil.
- "Un sistema físico de símbolos puede tener una mente u estados mentales"; esta es una inteligencia artificial fuerte y es la versión que interesa a los filósofos.

Los primeros constructores de una inteligencia artificial asumieron que la mente procesa información en trozos de acuerdo con ciertas reglas y así este mecanismo puede ser reproducido por una máquina. Pero los instintos inconscientes son claves para la inteligencia y la destreza humanas y estas no pueden ser reproducidas en un conjunto de reglas o algoritmos que una computadora pudiese seguir, de aquí las limitaciones del doctor con inteligencia artificial. Hubert Dreyfus, al explicar las limitaciones de la inteligencia artificial, dijo que la verdadera inteligencia y destreza humanas no es "saber-qué"

ZOMBIS FILOSÓFICOS

El asunto de si una máquina puede tener una mente es una versión del "problema de otras mentes". Este aborda el tema de si podemos estar seguros que algo o alguien más tiene una mente. Es posible que tú seas el único ser con mente y todos los demás son autómatas de carne, o zombis filosóficos. Desde los trabajos de Dreyfus en la década de 1970, la investigación sobre la inteligencia artificial se ha dirigido hacia las redes neurales y los algoritmos evolucionarios diseñados para tratar específicamente con la clase de procesamiento inconsciente, contextos y enlaces que no fueron emulados en modelos anteriores.

(conocimiento basado en hechos), sino "saber-cómo" (conocimiento en acción, por así decirlo).

Turing se anticipó a esta objeción y la respondió diciendo que las intuiciones humanas bien podían seguir reglas, solo que reglas que no hubiésemos acatado todavía. En ese caso, ellas podían en algún punto ser imitadas por la inteligencia de una máquina.

Del objeto al ser

Se puede ser inteligente, pero es posible que algo completamente diferente sea ser consciente. De nueva cuenta, no existe un consenso acerca de lo que es la conciencia o de dónde y cómo está localizada. John Searle sugiere que surge de un conjunto de neuronas, tal como la propiedad de humedad surge de un conjunto de moléculas de agua (ver *Los Cerebros están Conscientes como el Agua está Húmeda*). En ese caso, una máquina inteligente también sería una máquina consciente.

¿Podemos concebir tipos de conciencia que no son como la conciencia humana? El filósofo estadunidense Daniel Dennett afirma que las máquinas ya son conscientes y que incluso un termostato es "consciente". Este no es un punto de vista que muchos comparten. Pero si una máquina tiene conciencia, esto abre una nueva caja de Pandora de dilemas. ¿Puede una máquina consciente sentir esperanza, desesperación, dolor, enojo, amor, curiosidad, envidia, nostalgia, orgullo? Si es así, ¿tiene derechos? ¿Y qué responsabilidades tenemos hacia tal objeto? ¿O debería decirse "tal ser"? Estas preguntas han sido exploradas más a fondo en novelas y películas de ciencia

ROBOTS QUE AMAN

En la película *Inteligencia artificial* (2001), dirigida por Steven Spielberg, una inteligencia artificial niño, de nombre David, tiene iniciado su "protocolo de impresión" y ama a la mujer para la cual es un hijo adoptivo. Este amor nunca puede ser borrado y él todavía la ama 2000 años después. ¿Qué responsabilidades tendríamos hacia los robots para que pudieran amarnos?

En Japón, el gobierno ofrece de 50 a 60% en subsidios para investigación y desarrollo a las empresas que fabrican robots para cuidar a personas ancianas. Japón padece de una grave escasez de trabajadores que cuidan a otros y los robots podrían llenar ese faltante. ¿Cómo deberíamos sentirnos respecto a las personas que se vuelven dependientes y quizá emocionalmente involucradas con los robots?

ficción más que por los filósofos que laboran en universidades y escriben libros.

¿Cuánto poder se le debe dar a las máquinas?

La invasión de los robots asesinos de alguna manera ha concluido, pero existen muchas otras maneras en que nos hemos vuelto vulnerables al confiar plenamente en la tecnología. La crisis bancaria que se inició en 2007 y 2008 fue ocasionada en gran medida por algoritmos de computadora fuera de control. La ecuación Black-Scholes en la parte central del comercio había sido utilizada de forma inapropiada para permitir el comercio en derivados (no un producto real, solo dinero hipotético y perspectivas de utilidades) y alcanzar un valor de mil billones de dólares al año. Esto es 10 veces el valor de todas las cosas reales producidas en todo el mundo durante un siglo. Como las computadoras toman decisiones en una fracción de segundo, las situaciones se pueden salir de las manos muy, pero muy rápido. Muy relacionado con el hecho de que las computadoras nos proporcionan la capacidad de hacer cada vez más, tenemos la posibilidad de que nos destruyan más, y no necesitan desarrollar una inteligencia malévola para hacer esto.

¿PODEMOS LIMITAR EL CONOCIMIENTO?

El conocimiento nos puede traer beneficios y peligros. Desde la mítica Caída del Hombre, el conocimiento ha estado relacionado con el peligro. El conocimiento de la física subatómica hizo posible las armas nucleares al igual que los beneficios médicos de tecnologías como las Imágenes de Resonancia Magnética y la Tomografía Computarizada. El conocimiento del genoma nos ayuda mejorar las cosechas y curar las enfermedades, pero también podría darle a un terrorista o un militarista la capacidad de propagar un virus mortal. ¿Existen algunos tipos de conocimiento que son demasiado peligrosos de buscar? ¿Deberíamos limitar la investigación en algunas áreas debido a su potencial para el desastre, tal y como la limitamos por razones éticas? ¿O eso solo nos hará más débiles si un genio del mal avanza más que nosotros en ellas?

Los robots asesinos están aquí

El uso de drones (vehículos y armas computarizados, no tripulados) en la guerra es muy polémico. El argumento de las fuerzas armadas es que "nuestros" soldados están a salvo de los peligros de una misión riesgosa sobre o dentro de territorio enemigo. El argumento en contra es que estamos permitiendo que la tecnología tome la decisión de matar humanos. Si esto es realmente una decisión es algo debatible, ya que los drones siguen instrucciones para buscar, identificar y enfrentar el objetivo.

El caso de los drones es en gran medida utilitarista, ya que logra los fines de matar con eficacia un blanco en particular (por lo general un insurgente escondido en lo profundo del territorio enemigo) y con menos peligro de daños colaterales (por ejemplo, matar a otras personas). Pero existe aquí lo que los filósofos denominan una confusión "hecho-valor". El hecho de que es sencillo matar objetivos usando drones no significa que *debemos* hacerlo.

El caso en contra de los drones aborda los puntos del utilitarismo y también adopta una postura moral. Los opositores insisten que han habido asesinatos accidentales y que no es válido argumentar por algo basados en que esto es mejor que una alternativa, como un bombardeo a gran escala, la cual nunca ha sido propuesta.

El caso cuestiona si alguna vez puede ser aceptable usar un método de matar que ha sido desasociado de la participación humana, convirtiendo la muerte en algo que puede hacerse con una "mentalidad de PlayStation".

Los drones violan las dos primeras leyes de la robótica: dañan seres humanos y siguen instrucciones incluso cuando esas instrucciones ocasionarán daño a seres humanos.

Esto también puede ser dañino sicológica y espiritualmente para aquellos que utilizan drones. Un informe publicado por el Pentágono en 2011 reveló que 30% de los operadores de drones sufren agotamiento mental como resultado de una "crisis existencial". Si los pilotos no sufren crisis existencial pueden resultar afectados adversamente en la forma contraria, convirtiéndose el matar en algo "normal". El uso de drones está también encubierto por el secreto, con los blancos seleccionados por líderes políticos y militares de alto nivel; la falta de transparencia podría ser un problema político y filosófico. No obstante, algunos filósofos argumentan que la ética no se aplica en el campo de la guerra (ver *¿Todo se vale en la guerra (y el amor)?)*

Capítulo 24

¿Estamos siendo observados o vigilados?

Los gobiernos afirman que la observación es únicamente para mantenernos seguros de aquellos que desean dañarnos. ¿Pero a qué costo?

Es raro ir a cualquier lugar de la ciudad que no tenga una cámara de circuito cerrado de televisión que te esté observando. Agrega a eso la vigilancia de las dependencias de gobierno a tus correos electrónicos, teléfono, llamadas telefónicas, mensajes de textos y actividades en Internet y es posible sentir como si ya poco de nuestras vidas es privado. ¿La vigilancia de las masas es de alguna utilidad? ¿Cómo puede uno equilibrar la protección y la privacidad?

Te están grabando

Las cámaras de circuito cerrado de televisión sirven para dos propósitos distintos: disuasión y detección. Graban la actividad en un área, proporcionando posibles evidencias que pueden ayudar a las inves-

tigaciones de la policía si se comete un delito. También tienen el objetivo de disuadir a las personas de cometer algún delito donde las cámaras pueden grabarlo. ¿Por qué hacer algo que sabes que te ocasionará problemas? Existe un debate acerca de si las cámaras de circuito cerrado verdaderamente reducen el crimen. Algunos expertos dicen que son más eficaces las luces del alumbrado público, pero estas son solo otra forma de incrementar la visibilidad, así que para nuestros propósitos es en algunos aspectos similar al circuito cerrado de televisión.

Ahora lo ves, ahora no lo ves

¿Hay algunos delitos que cometerías si pensaras que no

CULPA, VERGÜENZA Y MIEDO

Algunas personas podrían decidir no hacer un acto prohibido o inmoral debido a:

- Temor al castigo. Si el temor es el único disuasivo, es posible que cometa el acto si se elimina la amenaza del castigo.
- Vergüenza. La vergüenza requiere un público; solo sentimos vergüenza si sabemos que otras personas están conscientes que hemos hecho algo que desaprueban.
- Culpa. La culpa es privada; sentimos culpa si nos arrepentimos de algo que hemos hecho, ya sea o no que haya tenido consecuencias adversas o que alguien sepa lo que hicimos.

La culpa es la marca de un sistema moral interno; el temor puede existir sin ninguna conciencia de moralidad. La vergüenza, en medio de ambas, requiere una conciencia de un sistema moral pero no requiere que el perpetrador del acto comparta los valores morales del sistema.

te atraparían? Quizá no delitos graves, pero sí algunos pequeños, como utilizar como atajo una calle con un letrero de "prohibido el paso".

Si hubiera un policía parado al final de la calle, pocas personas entrarían en ella, pues sabrían que eso les ocasionaría problemas. Sin embargo, es posible que no haya ahí un policía todos los días. Así que la siguiente vez que no hay uno, las personas utilizarían el atajo. Ahora supón que en lugar de estar parado, el policía caminaba por la calle. La siguiente vez parece como si no hubiera ningún policía, pero nadie podría asegurarlo. Quizá se encuentre más adelante en la calle. Y quizá haya problemas si conduces tu coche por ahí. Así que tomas otra ruta. La conclusión es contraria a las expectativas: la *posible* presencia de un policía es al menos tan buena medida disuasiva y posiblemente mejor, que la presencia *evidente* de un policía, porque en este último caso si no existe ningún policía presente, esto tiene un efecto disuasivo. Unas autoridades locales con mucho trabajo podrían usar al policía caminando en varias calles como un disuasivo porque no tiene que ser visible en todas las calles para seguir ocasionando un efecto disuasivo.

Mira, están a tu alrededor

El principio del policía que podría o no estar ahí se encuentra detrás de un diseño experimental para prisiones propuesto a finales del siglo XVIII por el filósofo Jeremy Bentham. La prisión "panóptica" es una estructura circular, con cada prisionero albergado en una celda que está frente a una torre de observación circular. Un guardia se sienta en la torre, en un cuarto con ventanas en todo su alrededor pero con persianas que oscurecen el cuarto a los observadores externos. El guardia puede ver dentro de cualquiera de las celdas alrededor, pero ninguna celda puede ver dentro de la torre de vigilancia. El efecto, según Bentham, será que los prisioneros nunca sabrán cuándo son observados, así que se cuidarán ellos mismos, actuando siempre como si fuesen observados. Una red de pasadizos como laberintos permitiría a los guardias entrar y salir de la torre sin ser observados, así que ni siquiera habría una necesidad real de que estuviese un guardia presente todo el tiempo, el efecto disuasivo del guardia potencial será tan grande como si hubiese realmente alguien vigilando todo el tiempo.

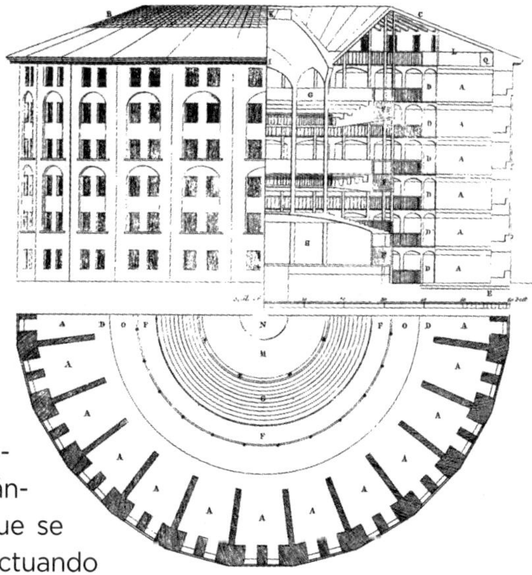

Bentham promocionó la estructura panóptica como "un nuevo modo de obtener poder de una mente sobre otra mente, en una cantidad hasta ahora sin igual", lo cual se escucha maliciosamente opresivo. Sin embargo, no intentaba que su diseño fuese utilizado como un medio de opresión. De hecho, estaba a favor del individualismo y promovía la libertad de expresión, la abolición de la esclavitud, la pena de muerte, derechos igualitarios para las mujeres, el derecho al divorcio y la despenalización de la homosexualidad, objetivos muy radicales para fines del siglo

XVIII. Denominó a la prisión panóptica "un molino para moler a los delincuentes y volverlos honestos" y la consideró como una fuerza para reformar y reeducar a los criminales: ***"¡La moral reformada, la salud preservada, la industria vigorizada, la educación difundida, las cargas públicas aligeradas... todo mediante una sencilla idea en arquitectura!".***

PANÓPTICO VIRTUAL

En la novela de George Orwell, *1984* (escrita en 1949), la población está sometida a una vigilancia constante mediante "telepantallas" instaladas en todos los hogares y los lugares públicos:
"Desde luego, no había forma de saber si eras observado en algún momento dado... tenías que vivir... asumiendo que cada sonido que hicieras era escuchado y, excepto en la oscuridad, cada movimiento observado".

Aun así, el filósofo francés Michael Foucault vio la estructura panóptica como un ícono del poder disciplinario y del impulso dominante e invasivo de observar, y así es como es considerada por lo general.

> *"Aquel que está siendo sometido a un campo de visibilidad y lo sabe, asume la responsabilidad para las limitaciones del poder; hace que actúen de manera espontánea sobre él; inscribe en sí mismo la relación de poder en la que simultáneamente desempeña ambos papeles; se convierte en el principio de su propio sometimiento".*
> Michel Foucault, 1975.

¿Puedes "moler a los delincuentes y volverlos honestos"?

Los prisioneros en la prisión panóptica pueden comportarse correctamente, pero con seguridad solamente porque piensan que son observados y le temen al castigo si tienen un mal comportamiento. Esto no los está volviendo realmente honestos, solo los está volviendo obedientes. Bentham podía haber argumentado que al estar haciendo siempre lo correcto los prisioneros se acostumbraban al buen comportamiento y se convertían en su configuración predeterminada, por así decirlo. El buen comportamiento se vuelve arraigado y automático y así es como son reformados. Lo podemos ver como el método en que un padre persiste para lograr que un hijo renuente se lave sus dientes y ya en la edad adulta lavarse los dientes es un hábito al que nadie se opone.

Si todo lo que deseas es una sociedad de ciudadanos respetuosos de la ley, quizá la obediencia automática es suficientemente buena.

Sin embargo, Immanuel Kant estaría en desacuerdo. A pesar de que estaba a favor de que las personas obedecieran la ley moral porque es la ley, quería que ellas la obedecieran porque lo *deseaban*, porque deseaban ser ciudadanos morales y buenos.

La obediencia irreflexiva no es una característica de una persona moral. En realidad, la vigilancia constante y el temor a las consecuencias podría ser algo negativo. Atrofia nuestro crecimiento como individuos morales; nos volvemos moralmente suaves ya que no estamos ejerciendo nuestro juicio, reflexionando en nuestro comportamiento, retando nuestras acciones y las reglas mediante las cuales vivimos.

Simplemente internalizando las reglas, que Bentham consideró un beneficio para producir ciudadanos obedientes, Foucault vio cómo hacer ciudadanos responsables por su propia subyugación.

La obediencia irreflexiva hacia la autoridad puede tener consecuencias pésimas, para tener una sociedad próspera, las personas deben responsabilizarse por sus decisiones morales y oponerse a las decisiones que se toman en su nombre, por ejemplo, el establecimiento de campos de concentración.

¿DEBERÍAS FILTRAR EL INTERNET PARA TUS HIJOS?

Ha habido gran preocupación últimamente acerca del contenido en Internet que no es adecuado para los niños. Algunas personas usan programas de filtración para impedir que sus hijos tengan acceso a contenido violento o sexual, ya sea accidentalmente o a propósito. El peligro de que el niño se trastorne o se dañe por lo que ve debe ser comparado con la necesidad de que desarrolle un comportamiento autorregulatorio. Para muchas personas eso significa que la actividad en Internet de los niños más jóvenes será supervisada y regulada, pero las restricciones y protecciones deberán disminuir conforme los niños crezcan y necesiten responsabilizarse por ellos mismos. Un padre que sobreprotege a un hijo permite que ese hijo quede mal preparado para llevar una vida independiente.

"Si no eres culpable no tienes nada que ocultar"

En 2013, el especialista en computadoras estadunidense, Edward Snowden, reveló la muy extensa vigilancia del ciudadano ordinario a través de sus actividades en Internet que llevaban a cabo las autoridades en Estados Unidos, el Reino Unido e Israel. Snowden dio a conocer una intrusión en un nivel sin precedentes y pronto surgió más evidencia, incluyendo acusaciones de que Estados Unidos había espiado a personajes políticos importantes de Europa, que incluían a la Canciller de Alemania y al Papa. Al ser buscado por las autoridades, acusado de espionaje y robo de propiedad gubernamental, Snowden huyó de Estados Unidos.

El caso reinició un prolongado debate acerca de la privacidad y la seguridad. Por un lado, las autoridades que deseaban observar al público argumentaron que si no tienes nada que ocultar no deberías preocuparte de ser observado. Por el otro lado, las personas que objetaban ser observadas decían que aunque no hicieran nada malo tenían derecho a la privacidad. El público está dividido en aquellos que están conformes con las medidas de seguridad y aquellos que se sienten ofendidos por ellas.

"No puedes tener un 100% de seguridad y también tener un 100% de privacidad y cero inconvenientes".
Presidente de Estados Unidos, Barack Obama, 2013

Algunos analistas se han opuesto al punto de vista de que se tiene que optar entre la privacidad y la seguridad, y han solicitado medidas de seguridad que no invadan la privacidad.

Justificando la vigilancia

El filósofo estadunidense Emrys Westacott sugirió que la moralidad de la vigilancia es determinada por lo siguiente:

- Si existe una causa justificada.
- Los medios empleados.
- Si la vigilancia y el grado de intrusión es proporcional al riesgo contra el que supuestamente protege la vigilancia.

Además de estos factores, el ciudadano vigilado se preocupa acerca de la seguridad y la precisión de la información recabada y si esta podría ser mal empleada.

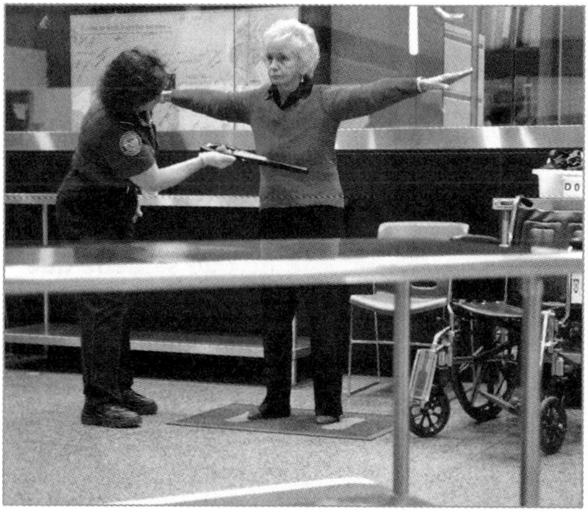

Algunas personas se oponen al incremento de las revisiones de seguridad en los aeropuertos, otros las aceptan con beneplácito, considerándolas tranquilizadoras.

Parece como si todas las cartas estuvieran en manos de las autoridades, pero eso no es totalmente cierto. En una democracia, los gobiernos tienen que retener la confianza de las personas con el fin de mantenerse en el poder. Las personas que no reciben respeto y confianza, no dan a cambio su respeto y confianza.

Al precisar si creen que la vigilancia es justificada y así si están dispuestas a tolerar la invasión de su privacidad, las personas pensarán primero en quién es el que está siendo protegido. Somos más tolerantes con la vigilancia que creemos es para nuestra protección. Esta es la idea que ha sido promovida por las autoridades de Estados Unidos y el Reino Unido: que el incremento en el nivel de vigilancia aumenta la seguridad de la población en general. En ocasiones, la vigilancia tiene la intención de proteger al gobierno. En el peor de los casos, es para proteger a individuos en un gobierno. En ese aspecto, la población posiblemente tenga menos simpatía con la reducción de

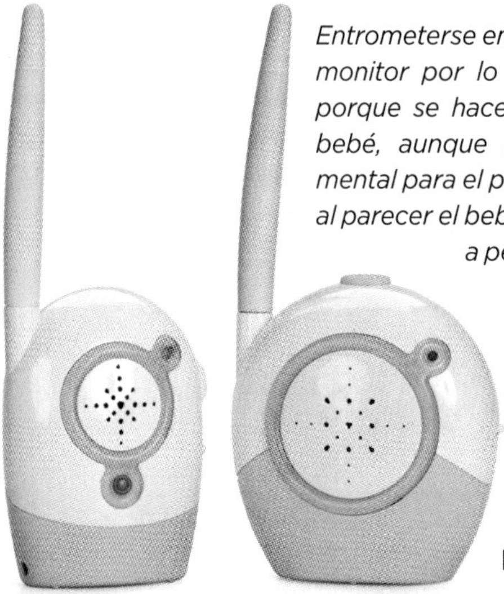

Entrometerse en la seguridad del bebé mediante un monitor por lo común es considerado aceptable porque se hace totalmente por la protección del bebé, aunque también proporciona tranquilidad mental para el padre o para quien lo cuida. También al parecer el bebé no tiene necesidad de privacidad, a pesar de que conforme el niño va creciendo se le permite cada vez una privacidad mayor.

la privacidad ya que esto no es un trato justo, pues el público obtiene poco beneficio por la pérdida de privacidad.

Solo un número

Para algunas personas el papel de la tecnología en la vigilancia de las comunicaciones privadas vuelve todo el asunto más siniestro. Cuando las personas son tratadas como información, se sienten ofendidas, subestimadas y despojadas de su dignidad humana. Con gran experiencia previa en errores humanos y de computación en otras áreas, muchos de nosotros tememos al daño que un cálculo erróneo o un algoritmo equivocado pueden ocasionar. Entonces la vigilancia se vuelve no solo una reducción de la privacidad sino de nuestro poder e incluso de la reducción de nuestro sentido de identidad como personas y del valor de esa identidad.

Capítulo 25

¿Debes hacer olas?

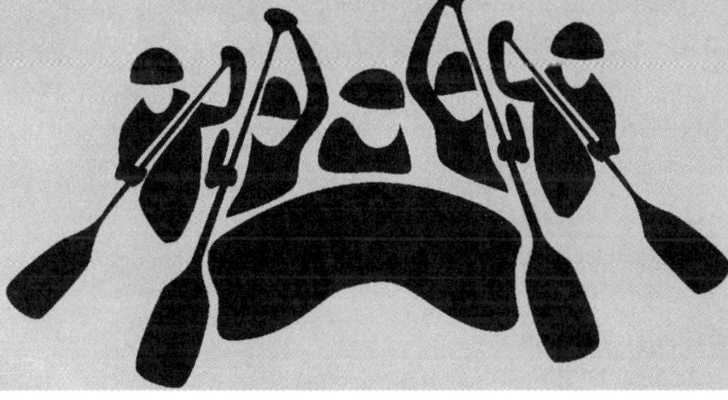

¿Es mejor asumir que la opinión de la mayoría es correcta? ¿O se necesitan hacer olas de vez en cuando?

Muchas personas harán todo lo posible por tener una vida tranquila y les resultará difícil enfrentarse a alguien cuyas ideas difieren de la opinión aceptada por la mayoría. "No hagas olas", se nos dice si hacemos una pregunta comprometedora. "Haz lo mismo que todos". "Cien millones (o siete mil millones) de personas no pueden estar equivocadas". ¿Bueno, por qué no pueden estar equivocadas?

Una breve historia acerca de estar equivocado

El progreso llega cuando las personas encuentran una forma mejor de hacer algo o un modelo mejor o una teoría mejor. Hace mucho tiempo, todos pensaban que el Sol giraba alrededor de la Tierra. Usábamos el mercurio, metal altamente tóxico, para tratar la sífilis. Las personas tenían esclavos y abusaban de las mujeres. Se creía que los pandas eran un mito. ¿Y qué se puede decir de todas las personas que han creído en grupos de dioses completamente diferentes a través de las eras? No pueden haber tenido razón todas. El número de personas que sostiene una creencia no es garantía de que esa creencia es verdad.

> ***"Ten el valor de ir en contra de la marea".***
> Papa Francisco, 2013.

A pasos agigantados

Thomas Kuhn (1922-1966) sugirió que la ciencia pasa a través de largos periodos en que nadie contradice los modelos prevalecientes, y luego periodos breves de cambio radical o cambio de paradigma. La mayor parte del tiempo, nadie se desvía muy lejos del pensamiento establecido. Es cuando alguien piensa algo fuera de lo común que se logra el progreso importante. A menudo las personas que dan estos grandes pasos son desacreditadas o ridiculizadas por iniciar aquello, tal es el poder de la opinión popular.

El astrónomo Mikolaj Kopernik (Copérnico) publicó en 1543 su teoría de que la Tierra gira alrededor del Sol. Más de 70 años después, la Iglesia Católica decidió que la idea era "estúpida y absurda... y oficialmente una herejía", así que exigió que Galileo dejara de enseñarla. El modelo geocéntrico era tan ampliamente aceptado antes de Copérnico que tenía el rango de realidad establecida, era verdaderamente real por el hecho de ser creída tan extensamente.

LA CONSAGRACIÓN DE LA PRIMAVERA

La consagración de la primavera **es una obra para ballet y orquesta creada por Igor Stravinsky para el cuerpo de ballet de Sergei Diaghilev y estrenada en París en 1913. La naturaleza tan vanguardista de la obra fue tan sorprendente para la audiencia que casi provocó un disturbio. En la actualidad, es considerada una de las obras musicales más importantes del siglo XX.**

Morir antes que mentir

El filósofo griego Sócrates se volvió muy impopular por poner en tela de juicio las creencias y las ideas del pueblo de Atenas. Detenía a las personas en el mercado y las retaba a que definieran conceptos como la virtud o la justicia. Rápidamente les demostraba que sus opiniones irreflexivas recibidas no eran ciertas. Muy pronto estuvo en problemas acusado de corromper a la juventud de Atenas, así como por ser una molestia, y se le informó que debía dejar de enseñar filosofía. Sócrates se rehusó diciendo que prefería morir mil veces que dejar de decir la verdad y enseñar filosofía. Fue condenado y se le ordenó beber un veneno para llevar a cabo su propia ejecución (pero únicamente una vez).

Una vida tranquila

Todos fuimos educados con ciertas creencias. Si alguna vez se nos ocurre que podrían estar realmente equivocadas, podríamos o no refutarlas debido a que tenemos la tendencia a creer que si un gran número de personas piensan algo, casi es seguro que tienen razón. La mayoría de las personas también prefiere agradar o al menos no ser ridiculizada.

Sócrates recomendaba que en lugar de solo aceptar todas las ideas actuales, que no son cuestionadas por la sociedad, deberíamos someter cada una a un análisis y decidir, mediante una investigación y el pensamiento lógico, si realmente creemos que la idea es verdadera o justa. Consideraba que sostener y defender una opinión que no has reflexionado es renunciar al principal beneficio de ser un humano.

> *"La vida sin examinar no es una vida que merece vivirse".* Sócrates.

Ir en contra de la marea: denunciar irregularidades

De niños todos aprendimos a odiar a un chismoso, alguien que le ocasionaba problemas a otros al acusarlos con los maestros o los padres. El delito implicado por lo general era pequeño y a menudo accidental. ¿Quién rompió el vidrio de la ventana? ¿Quién dejó al hámster de la clase afuera? ¿Quién escribió palabras groseras en el pizarrón? Delatar al culpable es considerado como fraternizar con el enemigo (los adultos). Sin embargo, esta actitud persiste. Está formalizada en el mundo criminal, donde un soplón puede esperar un horrible destino si lo descubren. ¿Y cuántos de nosotros hemos desaprobado alguna conducta delictuosa, pero no la hemos reportado?

Estar de acuerdo con lo que otras personas te dicen puede conducirte a malos resultados.

Un denunciante expone la corrupción, las prácticas profesionales incorrectas o dudosas en un grupo por el interés público. Los denunciantes con frecuencia son insultados, acosados y pueden sufrir consecuencias terribles por sus acciones en favor del bien público. A pesar de que muchos países tienen leyes que protegen a los denunciantes, es muy frecuente que aquellos que reportan las acciones indebidas en un grupo, principalmente una organización gubernamental, paguen un precio muy elevado.

Interés personal e interés comunal

El principio utilitarista requiere que evaluemos los costos y los beneficios para todos los que serán afectados por una decisión y que elijamos la opción que ocasiona la mayor felicidad general. Por lo común, esto debería significar que iríamos a denunciar algo si esto significara salvar a personas de algún peligro o abuso. Pero el interés

PREGÚNTATE A TI MISMO

¿Reportarías a las autoridades cualquiera de estas situaciones?:

- Sabes que una vecina le grita a sus hijos continuamente. Sospechas que los golpea, pero no lo has visto.
- Un amigo te llama, es evidente que está borracho, te dice que va a conducir su coche hasta su casa. Se ríe cuando le dices que se vaya en un taxi en lugar de eso y escuchas que arranca el motor.
- Ves que el mejor amigo de tu hijo adolescente está vendiendo marihuana detrás de la parada del camión.
- La organización para la que trabajas emplea trabajadores explotados en otro país, pero pega en sus productos etiquetas referentes a salarios justos.

¿Mejoraría algo si los reportaras en forma anónima?

personal por lo general afecta nuestras decisiones. Si viajaras en un barco que se hunde y pudieses elegir entre salvar a tu pareja o a dos extraños, casi con toda seguridad salvarías a tu pareja. Hacer tal elección desinteresada de salvar a los dos extraños no te hubiese granjeado ningún amigo ya que sería considerada inhumana.

Contabilidad de sacrificio

Algunas organizaciones e individuos explotadores dependen de nuestros intereses personales para mantener sus prácticas indebidas ocultas. Una persona que delata a un patrón puede perder su empleo o ser acosada en el trabajo. También puede perder sus amistades y su reputación en el lugar de trabajo.

Muchas pierden sus hogares, sus familias, su salud e incluso sus vidas en una subsecuente serie de juicios y respuestas agresivas o vengativas. En muchos casos, la denuncia ni siquiera obtiene el resultado esperado, ya que el denunciante es desacreditado y no puede pelear contra los recursos enormes de la institución.

¿HÉROE O TRAIDOR?

El estadunidense Edward Snowden dio a conocer documentos a los medios de comunicación revelando la magnitud de la vigilancia del gobierno de Estados Unidos a los ciudadanos particulares, incluyendo la utilización de información de Facebook y Google. Fue acusado de traición y huyó del país.

"Mi único motivo es informar al público de lo que se hace en su nombre y lo que se hace en su contra", Snowden.

¿Es un traidor, que pone a las personas en contra de acciones que el gobierno considera medidas de seguridad necesarias, o es un héroe por defender los derechos a la privacidad y a la revelación de los individuos respetuosos de la ley?

Su vida está arruinada y podría cumplir una sentencia de muchos años en prisión. ¿Fue un mártir o un tonto?

Lealtades tribales

> ***"Ya sea que te vuelvas cómplice o te enfrentes a ello".***
> Michael Woodford, expresidente y director general de Olympus, que descubrió y dio a conocer pagos efectuados a la Yakuza, la mafia japonesa, por parte de ejecutivos de alto nivel de Olympus.

Las personas sienten lealtad a cualquier grupo al que pertenecen. Las denuncias implican un conflicto de lealtades debido a que nuestra lealtad con el grupo más inmediato y más pequeño (por ejemplo, nuestros compañeros de trabajo y jefes) no concuerda con nuestra lealtad a la comunidad mayor. Cuando aquellos que se benefician con la acción de delatar se encuentran en lugares muy remotos (por ejemplo, trabajadores en una fábrica en Bangladesh), el costo para nuestra "tribu" más local podría parecer

sobrepasar el beneficio para las personas que no conocemos y que nunca veremos.

> ***"El problema de la conciencia es un asunto para el jefe de estado, el soberano".***
> Adolf Eichmann, en su juicio en Jerusalén, en 1962.

Triunfos de la conciencia

Cuando un denunciante toma la decisión de confesar algún abuso o delito, está siguiendo su conciencia más que un conjunto de reglas, pautas o lealtades que lo animan a mantener el silencio. De acuerdo con el biólogo evolucionista Charles Darwin (1809-1882), la conciencia evolucionó precisamente por este motivo, ayudarnos a resolver conflictos entre los intereses personales y los intereses de la sociedad en una forma que beneficiara la preservación de la comunidad en conjunto. A nivel individual, esto nos lleva a evitar comportamientos que ocasionan culpa y que van en detrimento de la sociedad.

> ***"La conciencia personal no es solo la última protección del mundo civilizado, es la única garantía de la dignidad del hombre".***
> Martha Gellhorn, 1962.

La conciencia no es siempre considerada una facultad racional, sino más bien un "instinto", aunque esto podría ocurrir como resultado de un adoctrinamiento a largo plazo en un plan moral en particular. Esto resulta en la sensación de que sería "correcto" dar a conocer los abusos a pesar de que la razón dice que esto probablemente traerá consecuencias negativas para el denunciante.

Otros filósofos, incluyendo a Santo Tomás de Aquino (1225-1274), consideran la conciencia como una aplicación de la razón práctica.

Los denunciantes con frecuencia terminan siendo mártires. Chelsea (con anterioridad Bradley) Manning fue sentenciada a 35 años de prisión por publicar documentos y videos a los que tuvo acceso como soldado estadunidense. Estos incluían una filmación en 2007 de un helicóptero estadunidense que disparó contra civiles desarmados en Irak, incluyendo un periodista.

Algunos la consideran como un don directo de Dios. Sin embargo, la conciencia es evidentemente falible, tal como vemos cuando las personas empleadas por un régimen despótico para oprimir y torturar a otros no consideran que sus acciones están equivocadas.

"Preserva una conciencia tranquila y siempre tendrás felicidad. Una conciencia tranquila puede soportar mucho y se mantiene feliz en todo problema, pero una conciencia malvada siempre está temerosa e intranquila".
Tomás de Kempis, *La Imitación de Cristo*, alrededor de 1418.

Capítulo 26

¿Es mejor dar que recibir?

¿Para cada regalo debe haber alguien que da y alguien que recibe? ¿Alguno de los dos es mejor que el otro?

¿Es mejor dar que recibir? Si es así, ¿cuánto mejor es dar? ¿Quién se beneficia más de la caridad, el que da o el que recibe?

Dar porque quieres hacerlo o porque tienes que hacerlo

Uno de los cinco pilares del Islam es "zakah". Este es el deber de pagar el 2.5% de la riqueza excedente (el dinero que queda después de pagar los gastos esenciales e impuestos) como una contribución para ayudar a los pobres. Esto sirve para dos propósitos: hacer reflexionar a los musulmanes sobre la naturaleza de la riqueza y así evitar volverse demasiado aficionado a los bienes materiales, y para redistribuir la riqueza ayudando a los pobres. Esto no es considerado ni un impuesto ni una donación de caridad. La sanción por no contribuir es severa:

"Si cualquier dueño de oro o plata no ha pagado lo que le es debido, cuando llegue el Día de la Resurrección, serán laminadas hojas de fuego para él que se pondrán calientes en el fuego del infierno; y se le cauterizarán su costado, su frente y su espalda. Cada vez que se enfríen se le repetirá (el proceso) durante un día que durará cincuenta mil años".

Todo esto deberá hacer el musulmán. Pero además, los musulmanes son alentados, pero no obligados, a dar donaciones a la "sadaqah", o caridad. Las personas sin ninguna obligación religiosa o social para darle al necesitado podrían todavía donar generosamente a la caridad. Ellos podrían pensar que tienen una obligación moral para hacerlo a pesar de que no existe ningún deber formal. ¿Hay alguna diferencia en dar sin obligación?

Valores y deberes

Los filósofos con frecuencia identifican dos aspectos diferentes de la virtud: los valores y los deberes.

Los valores son más indefinidos y se aplican a estados y personas; los deberes son específicos y se relacionan con los actos. Así podemos decir que

Gandhi era un hombre virtuoso y que ayudar a una persona lesionada es un deber social. Desde luego, esto a menudo se traslapa. Una persona compasiva estará más dispuesta a aplicar su deber para ayudar a alguien que está lesionado. Un deber puede ser un acto que uno se siente moralmente obligado a llevar a cabo o uno impuesto por una norma.

Entonces surge una pregunta, ¿cuánto deberíamos hacer?

¿Puedes hacer alguna vez suficiente?

Si decides comprar un sombrero o salir de vacaciones o pasar tu tiempo viendo televisión, estás haciendo esto en vez de elegir darle tu dinero y tu tiempo a la caridad. Los actos caritativos y las donaciones seguramente producirán un mayor beneficio total que un sombrero nuevo, unas vacaciones o mirar televisión por la noche, así que son la opción "correcta". Pero no debemos ni podemos sacrificar todas nuestras pequeñas satisfacciones personales totalmente a la caridad. Dos ramas del consecuencialismo tratan de sacarnos de la trampa. El consecuencialismo progresivo afirma que debemos actuar para hacer el mundo mejor que si no hubiésemos hecho nada, pero no tenemos que hacer todo lo que podemos para mejorarlo. El consecuencialismo satisfaciente afirma que deberíamos producir suficiente bien, así que no tenemos que darle todo a la caridad en tanto demos algo y no hagamos ningún daño con el tiempo y el dinero que no estamos dando.

Supón que una persona tiene un ingreso de 50 000 dólares. Quiere ayudar a los pobres. La respuesta obvia es dar sus 50 000 dólares, pero eso no funcionaría. Entonces sería tan pobre que necesitaría la ayuda de otros en la forma de donación de comida, refugio y ropa. Así que quizá aparta sus costos de vida necesarios y entrega el excedente. ¿Eso tiene algo de bueno? Bueno, quizá sí. Pero ahora no tiene ropa buena y quizá no lo promuevan a un puesto superior, el cual tendría un salario mayor (que le permitiría donar más). Pero quizá si mantiene cierto nivel de gastos y de socialización, pueda asociarse con otras personas con dinero y persuadirlos también de dar caridad. Una persona que da únicamente 5000 dólares, pero convence a diez amigos de dar 2000 cada uno ha contribuido más que una persona que dona 16000 dólares.

POR EL PRECIO DE UN PAR DE ZAPATOS

El filósofo australiano Peter Singer (nacido en 1946) presenta esta pregunta para resaltar la forma en que la distancia geográfica afecta nuestro impulso caritativo.

Si ves a un niño que se ahoga en un estanque, muy probablemente saltarías al estanque y salvarías al niño, incluso si eso significara arruinar un buen par de zapatos. Pocas personas pensarían que la vida de un niño no vale el costo de un par de zapatos.

Así que si tienes oportunidad, a través de una institución de caridad, de donar el precio de un par de zapatos para salvarle la vida a un niño en un país distante, ¿por qué titubearías de donar el dinero? ¿Qué hace al niño frente a ti más valioso de salvar que el niño a 10000 kilómetros de distancia?

¿Debes rasurarte tu cabeza o dejarte crecer el bigote?

Hace años, donar a la caridad era un acto privado y por lo general anónimo. Todavía lo puede ser, puedes meter dinero en una caja recolectora de donaciones, dar dinero por Internet anónimamente, por mensaje de texto o incluso hacer una donación que no lleve tu nombre a una fundación. Pero ahora también es cada vez más común hacer una demostración pública de generosidad. La aburrida y antigua caminata patrocinada ha sido remplazada por campañas patrocinadas de "déjate crecer el bigote", "rasúrate la cabeza", descenso en rapel y vacaciones (maratones en países extranjeros, ayudar a las tortugas a entrar al mar en playas lejanas, etcétera).

Desde luego, nadie te patrocinará (ni te aplaudirá) por algo que no saben que estás haciendo. Mientras que era sencillo escaparse y dar una caminata o nadar, de repente tenemos que es un acto muy público rasurarte tu cabeza o dejarte crecer el bigote. La exposición pública incrementa los fondos recaudados para caridad, pero también incrementa la exposición de tu generosidad. Es algo como muy "mírame". ¿Tiene eso alguna diferencia en cuanto a la validez de la acción? ¿O es lo mismo, en tanto el dinero ingrese y vaya al necesitado? ¿Cuán importantes son las intenciones y la acción?

Practicando las virtudes hasta que se vuelvan naturales

A Aristóteles le hubiese agradado que actuáramos bien debido a que estábamos motivados por la virtud a hacerlo así, no para que otras personas quedaran impresionadas por nuestra generosidad o que pudiésemos sentirnos bien con nosotros mismos. Los sentimientos naturales de compasión y generosidad nos deberían hacer desear ayudar a otros sin pensar para nada en el efecto que ello tiene en nosotros mismos (en tanto el efecto no sea tan perjudicial que implique que entonces necesitemos la ayuda de otros). ¿Pero qué sucede si no te sientes virtuoso? ¿Aun así es bueno dar? Al parecer sí. Las personas en el otro extremo de tu buen comportamiento se beneficiarán y tu estarás desarrollando tu musculatura virtuosa al actuar en la forma correcta. A la larga, lentamente, la práctica virtuosa se vuelve arraigada y automática, si Jeremy Bentham tenía razón (ver *¿Estamos Siendo Observados o Vigilados?*). Es un poco como el ejercicio. En realidad te podría desagradar un poco al principio, pero después de un tiempo se vuelve algo que se disfruta y una parte importante de tu vida. Eso, según Aristóteles, es cuando eres considerado un virtuoso (no cuando te gusta aparentar, sino cuando actuar virtuosamente es tu configuración predeterminada).

Capítulo 27

¿Ser o no ser?, ese es el dilema

Enfrentando las adversidades del destino atroz.

"Ser o no ser", así pregunta Hamlet en su famoso discurso. El dilema no es si el suicidio está justificado, o es aceptable, sino si es más "noble" sufrir o suicidarse. Este no es en realidad un asunto que tratar en el momento de una crisis personal abrumadora, sino que es un asunto para un estado de ánimo más contemplativo.

Dios dio la vida

Para muchas personas, las creencias religiosas les niegan el derecho a elegir el suicidio. Si tu dios te ha prohibido suicidarte y aceptas las enseñanzas de ese dios, este asunto no tiene mayor importancia. Por favor, sigue adelante, no hay nada que ver aquí. ¿O sí lo hay?

> ***"El mandamiento de Dios 'No Matarás' se debe considerar como una prohibición para destruirse a uno mismo".***
> San Agustín, 345-430 d. C.

Bueno, siempre existe el asunto de lo que es un suicidio realmente, y eso podría ser de gran importancia para una persona de fe. Una definición razonable de comportamiento suicida sería una persona que a sabiendas y a voluntad lleva a cabo una acción con la intención de matarse. Podríamos permitir que esto fuese mediante alguien, así que pedirle a un médico que nos administre una dosis letal de un medicamento podría ser un suicidio. Por otro lado, entrar corriendo en un edificio en llamas con la esperanza de salvar a un niño, pero fallecer como consecuencia de ello, no es un comportamiento suicida ya que el rescatista no tenía la intención de morir. A pesar de que la persona podría saber que la muerte es una consecuencia *posible*, debido a que no es una consecuencia *intentada* no podría llamarse un suicidio. Ingerir por accidente una sobredosis de una medicina prescrita no es un suicidio, pero ingerirla deliberadamente sí lo es. Ingerir deliberadamente una sobredosis pero tomar muy poco para morir es un comportamiento suicida pero no un suicidio llevado a cabo. Sin embargo, aquí hay un área confusa. En ocasiones, las personas cometen intentos de suicidio dudosos que son más bien expresiones suicidas. ¿Verdaderamente desean morir? Algunos suicidios son probablemente expresiones suicidas fallidas, las cuales fracasaron en ser una expresión suicida y terminaron en la muerte. Intención, conocimiento y resultado todas tienen que estar juntas (ver *¿"No Era mi Intención" Lograr Algo?*).

No son únicamente los creyentes religiosos quienes mencionan la santidad de la vida humana como una razón para condenar el suicidio. Pero si vamos a aceptar que la vida humana es siempre especial, sin

¿Es la vida un regalo que no puede rehusarse? Si la vida que te han dado es intolerable, no tienes que estar agradecido. Un regalo no es realmente un regalo si el donador todavía reclama alguna propiedad o autoridad sobre él, así que el argumento del regalo no se sostiene, por lo que eres libre de deshacerte de un regalo que no te gusta o que no quieres.

importar cuánto sufrimiento tenga implicado, el argumento lógicamente debe ser extendido a prohibir toda muerte intencional. Eso incluye una ejecución por orden de un juez, la muerte a tiros de un criminal armado que amenaza a otras personas, la carnicería de la guerra y permitir que alguien que sufre dolor se muera si lo desea en vez de alargarle la vida de forma artificial. Pocas personas están dispuestas a adoptar una postura completamente inflexible.

Soportando todo

Para los antiguos filósofos griegos, el suicidio era considerado en general una desgracia y el camino de salida del cobarde. Platón sugería que era el equivalente a ausentarse sin permiso, dejando el cargo que los dioses te habían asignado como un castigo por tus fechorías. Pero permitía algunas excepciones, incluyendo demencia, tormento extremo, vergüenza por haber actuado inmoralmente y la obligación del suicidio judicial.

> ***"No solo es el suicidio un pecado, es el gran pecado. Es el mal máximo y absoluto, es rehusarse a tener interés en la existencia, rehusarse a aceptar el juramento de lealtad a la vida. El hombre que mata a un hombre, mata a un hombre. El hombre que se mata a sí mismo, mata a todos los hombres. En lo que a él concierne, extermina a todo el mundo".***
> G.K. Chesterton, *Ortodoxia*, 1908.

SEPTIEMBRE 11: EL "HOMBRE CAYENDO" Y AQUELLOS QUE NO SALTARON

Durante el ataque terrorista a las Torres Gemelas el 11 de septiembre del 2011, 200 personas cayeron o saltaron desde las ventanas. El registro oficial de la oficina de forenses de la ciudad de Nueva York declara la causa de la muerte como homicidio por trauma contundente (es decir, impacto contra el suelo) y no suicidio. No están registrados como "personas que saltaron" porque "saltar indica una elección y estas personas no tuvieron elección. Por eso las muertes fueron calificadas como homicidios, porque las acciones de otras personas les ocasionaron la muerte". Esta explicación no satisface a todos los familiares de las personas que se dice no saltaron. Para algunas personas, el suicidio es un pecado que conlleva una retribución divina, sin importar cuáles hayan sido las circunstancias. No obstante, para otras, el pensamiento de que sus seres queridos tuvieron algún control y tomaron una decisión final, es consolador. Para esos familiares, es más "noble en la mente" acabar con los problemas de uno.

Los intentos por identificar al "hombre cayendo" en esta foto icónica del 11 de septiembre, fueron impedidos por algunas familias que se rehusaron a considerar que su ser querido podría haber elegido saltar a la muerte para no quemarse. Estas personas creyeron que el suicidio lleva a la condenación.

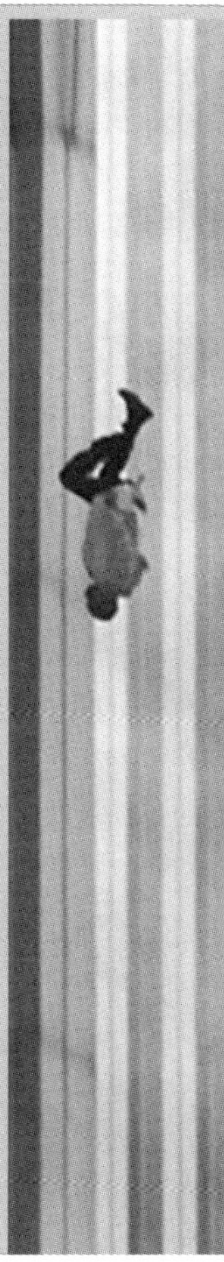

Para los estoicos, incluyendo a Séneca (4 a. C.-65 d. C.), la tolerancia era una virtud y conducía a una vida mejor. Ellos enseñaban que deberíamos tratar de aceptar las cosas que nos ocurren y responder con razón y moderación, obtenidas mediante aprender la fortaleza y el autocontrol.

Ellos no niegan los estados emocionales extremos, pero buscan transformarlos y así obtener calma. Según Epicteto, el estoico puede estar "enfermo y todavía feliz, en peligro y todavía feliz, muriendo y todavía feliz, en el exilio y todavía feliz, en desgracia y feliz".

> ***"Cuando las circunstancias de un hombre contienen una preponderancia de situaciones de acuerdo con la naturaleza, es apropiado para él permanecer vivo, cuando posee o ve una mayoría de las situaciones contrarias, es apropiado para él abandonar la vida".***
> Cicerón, 106-43 a. C.

El camino estoico en realidad no descarta el suicidio. Este era considerado permitido en los casos de enfermedad o dolor extremos, o si era imposible, debido a las circunstancias, vivir una vida virtuosa; por ejemplo, si uno estuviera oprimido por un tirano. En otras palabras, si a un hombre sabio al ejercer la razón considera el suicidio como la mejor opción, entonces este es permitido. Ya que los estoicos consideraban algunas cosas esenciales para el bienestar, incluyendo la salud y la libertad, la falta de estas también podría ser motivo para el suicidio. Séneca dijo que el hombre sabio "vive tanto tiempo como debe, no tanto tiempo como puede". Eso no es lo mismo que saltar desde un puente en un arranque de desesperación después de terminar una relación amorosa.

El problema de la coerción

Si una espía capturada teme ser torturada y por eso toma una cápsula de cianuro, ¿eso es un suicidio? Asumiendo que la espía no hubiese deseado la muerte de otra manera, sino que lo hace para escapar tanto del dolor como de la posibilidad de traicionar a su país debido a la tortura, ella fue obligada a suicidarse.

¿Debe ser la coerción por una persona? Alguien con una dolorosa enfermedad terminal que de otra manera no hubiese deseado morir, podría decir que fue obligado por las circunstancias. La mayoría de las personas que se suicidan lo hacen para escapar de algo, quizá una situación terrible o una gran angustia mental. Si pudiesen escapar a su tormento sin morir quizá así lo harían. ¿Son ellas más "culpables" de suicidio que la espía que se enfrenta a la tortura o el hombre que salta desde la Torre Norte el 11 de septiembre?

Pensando lo impensable

Durante siglos, el punto de vista prevaleciente en la Europa cristiana fue que el suicidio era un pecado imperdonable. Santo Tomás de Aquino tenía tres objeciones al suicidio, una era el interesante concepto de que era presuntuoso (quita de las manos de Dios la decisión de cuándo terminar con nuestra vida y así usurpa su autoridad. Esta es una reminiscencia de Platón pensando que el suicidio se asemejaba a la deserción). Fue solamente cuando la religión comenzó a per-

El movimiento romántico glorificó la idea del suicidio como una respuesta inevitable del alma angustiada, desilusionada en el amor o la vida.

der su dominio completo sobre el tema que los filósofos pudieron una vez más contemplar la validez del suicidio como una opción.

Los antiguos griegos habían considerado el suicidio más en términos de deber social y deber hacia los dioses que en términos de dilema personal. David Hume abordaba el tema social, uno que todavía preocupa a las personas en la actualidad, desde el punto de vista utilitarista. Propuso que si la continuación de la vida es una carga dolorosa para el individuo, es improbable que este contribuya en gran medida con la sociedad, así que la pérdida para la sociedad, si esa persona fallece, quizá sea muy pequeña y sea superada por el beneficio para el individuo al liberarse de ella. Existen casos en que la ecuación utilitarista argumentaría en contra del suicidio, por ejemplo, cuando se dejan huérfanos dolientes para ser cuidados quizá mediante fondos públicos. Pero algunos suicidios tendrían poco impacto social, por ejemplo, si la persona no deja una familia que le sobrevive. En cada caso, el daño de la persona suicida de continuar soportando una vida de angustia debe ser sopesado contra el daño hacia otros (individuos o la comunidad), para determinar si ese suicidio en particular fue moralmente equivocado. En contra del argumento de que el suicidio viola el contrato social, el suicida potencial diría que esa sociedad se ha retractado del acuerdo si la vida es intolerable.

Soportando lo insoportable

Los existencialistas, mejor conocidos por fumar y beber café en los cafés parisinos en el siglo XX, identificaron el hecho "absurdo" de que la vida humana carece de sentido, Dios no existe, no hay ningún propósito para lo que hacemos y en última instancia todo es vanidad y muerte. Se le denomina "absurdo" no porque sea ridículo sino debido a que representa a la vida y la búsqueda de significado como absurda. La ansiedad, o angustia, que proviene del reconocimiento de nuestra impotencia e insignificancia es una profunda desesperación filosófica.

Así que, si de todas maneras todo va a terminar hecho pedazos, ¿por qué no terminarlo ahora? La conclusión de que la vida es, por consiguiente, carente de sentido y no vale la pena la molestia, es una con la que Albert Camus luchó por evitar. Al final dijo que tenemos que vivir a pesar de ese conocimiento: "La lucha misma es suficiente para llenar el corazón de un hombre". Utilizando la analogía de Sísifo, condenado para siempre en el mito griego a empujar una pesada roca hacia arriba de una montaña y luego tener que rodarla de regreso hacia abajo, concluyó que el camino hacia adelante es "imaginar a Sísifo feliz", es decir, aceptar la situación y considerarla liberadora, viviendo dentro de la libertad que nos proporciona.

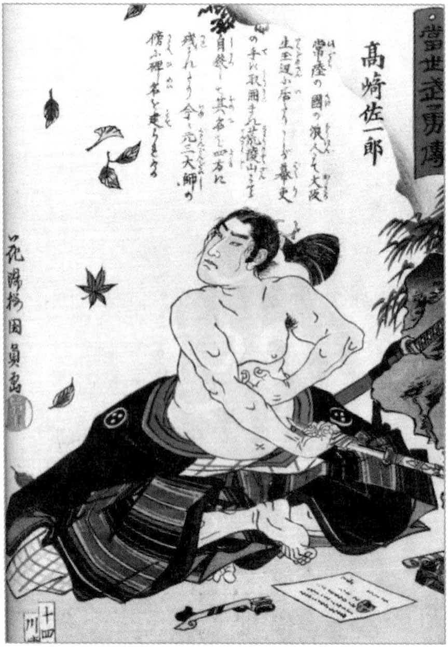

El suicidio como un deber

El filósofo John Hardwig expresa un concepto controversial al afirmar que en algunos casos las personas tienen la

Para el samurái japonés derrotado en batalla, avergonzado o condenado a la muerte, el suicidio ritual mediante el destripamiento era un deber moral. Conocido como "sepukku" o "hara-kiri", se llevaba a cabo cortándose el abdomen de lado a lado utilizando un cuchillo especial.

obligación moral de suicidarse. Si la continuación de su vida es tan pesada para otros que terminarla produciría un mayor beneficio en total que continuarla, deberían optar por el suicidio.

No llega tan lejos como para decir que otros deberían matar a estos sobrevivientes problemáticos. Sin embargo, admite que: "No puedo imaginar con facilidad que, mediante la cobardía, la racionalización o el fracaso en decidir, falle en esta obligación para proteger a mis seres queridos".

"Nadie quiere morir. Incluso las personas que desean ir al cielo no desean morir para ir allá. Y no obstante, la muerte es el destino que todos compartimos. Nadie ha escapado jamás a ella y así es como debe ser, porque la muerte es muy posiblemente la mejor invención de la vida. Es el cambio de agente de la vida. Es despejar todo lo viejo para dar paso a lo nuevo".

Steve Jobs (1955-2011).

No hay una conclusión

La filosofía es una labor interminable. Una vez que comienzas a pensar acerca de la miríada de asuntos que la vida presenta, es imposible detenerse. Incluso si encuentras respuestas con las que te sientes contento para algunas de las preguntas, siempre encontrarás más preguntas qué hacer. Pero la única pregunta verdaderamente importante que todos se deben hacer es, "¿qué pienso?". Todo se sigue a partir de ella. Para regresar de nuevo a Kierkegaard: **"El asunto es encontrar una verdad que sea verdadera (para ti), encontrar la idea por la cual (tú puedes) vivir o morir".**

La filosofía es una búsqueda de la verdad. Si la consideramos una búsqueda por una verdad absoluta, no llegaremos al final de la jornada, pero eso no será lo mismo que fracasar. Si consideramos esta como una búsqueda por "una verdad que es verdad (para ti)", quizá puedas llegar al final de tu jornada. Incluso podrías reconocer cuando llegues ahí.

Y aquí deberíamos concederle la última palabra a Sócrates, quien fue el iniciador de la filosofía occidental. Recuerda: *"La vida sin examinar no es una vida que merece vivirse".*

Créditos de las Imágenes

Aleš Tošovský: 45. Clipart: 241, 281. Corbis: 78 (Rick Friedman), 107 (Bettmann), 113 (ClassicStock), 156, 185 (Bettmann), 200 (Oliver Coret/In Visu), 204 (Bettmann), 205 (Tarker), 235 (Hulton- Deutsch Collection). David Woodroffe: 238b. Dhatfield: 35.Friman: 266. Getty Images: 124. Guinnog: 226. Ken and Nyetta:74. Kobal Collection: 5, 257. Pearson Scott Foresman: 192. Press Association Images: 295 (Richard Drew/AP). NASA: 31, 135. Shutterstock: 4, 6, 8, 9, 12, 13, 15, 17, 22, 29, 33, 36, 38, 41, 43, 44, 47, 48, 50, 53, 56, 57, 60, 61, 63, 65, 67, 68, 71, 73, 76, 80, 82, 84, 86, 89, 90, 96, 98, 100, 103, 106, 108, 112, 117, 118, 119, 127, 130, 133, 136, 137, 139, 140, 142, 144, 146, 147, 149, 152, 154, 157, 158, 159, 161, 164, 166, 168, 170, 172, 178, 181, 184, 187, 189, 190, 195, 197, 199, 201, 206, 207, 212 (africa924), 215, 217, 218, 222, 229, 231, 232 (yakinii), 237 (Wally Stemberger), 238t (Peeradach Rattanakoses), 239, 245, 247, 249, 251, 253 (catwalker), 254, 260, 261, 262, 271 (Carolina K. Smith), 272, 273, 277, 280 (Bocman1973), 283 (Kobby Dagan), 284, 285, 286, 289 (Mr. Picas), 291, 293, 301, 303. Wellcome Images: 69, 216, 220, 298.